Caro aluno, seja bem-vindo à sua plataforma do conhecimento!

A partir de agora, você tem à sua disposição uma plataforma que reúne, em um só lugar, recursos educacionais digitais que complementam os livros impressos e são desenvolvidos especialmente para auxiliar você em seus estudos. Veja como é fácil e rápido acessar os recursos deste projeto.

1 Faça a ativação dos códigos dos seus livros.

Se você NÃO tiver cadastro na plataforma:
- Para acessar os recursos digitais, você precisa estar cadastrado na plataforma educamos.sm. Em seu computador, acesse o endereço <br.educamos.sm>.
- No canto superior direito, clique em "**Primeiro acesso? Clique aqui**". Para iniciar o cadastro, insira o código indicado abaixo.
- Depois de incluir todos os códigos, clique em "**Registrar-se**" e, em seguida, preencha o formulário para concluir esta etapa.

Se você JÁ fez cadastro na plataforma:
- Em seu computador, acesse a plataforma e faça o *login* no canto superior direito.
- Em seguida, você visualizará os livros que já estão ativados em seu perfil. Clique no botão "**Adicionar livro**" e insira o código abaixo.

Este é o seu código de ativação! → D9CFH-811BR-AKQHP

2 Acesse os recursos.

Usando um computador

Acesse o endereço <br.educamos.sm> e faça o *login* no canto superior direito. Nessa página, você visualizará todos os seus livros cadastrados. Para acessar o livro desejado, basta clicar na sua capa.

Usando um dispositivo móvel

Instale o aplicativo **educamos.sm**, que está disponível gratuitamente na loja de aplicativos do dispositivo. Utilize o mesmo *login* e a mesma senha da plataforma para acessar o aplicativo.

Importante! Não se esqueça de sempre cadastrar seus livros da SM em seu perfil. Assim, você garante a visualização dos seus conteúdos, seja no computador, seja no dispositivo móvel. Em caso de dúvida, entre em contato com nosso canal de atendimento pelo **telefone 0800 72 54876** ou pelo *e-mail* **atendimento@grupo-sm.com**.

304304 - 621

VAMOS APRENDER 3

LÍNGUA PORTUGUESA

ANOS INICIAIS DO ENSINO FUNDAMENTAL

Daniela Passos

Licenciada em Letras pela Universidade Estadual de Londrina (UEL-PR).
Mestra em Estudos da Linguagem pela UEL-PR.
Realiza trabalhos de assessoria pedagógica no desenvolvimento de materiais didáticos para o Ensino Fundamental.
Autora de livros didáticos para o Ensino Fundamental.

São Paulo, 2ª edição, 2020

Vamos aprender Língua Portuguesa 3
© SM Educação
Todos os direitos reservados

Direção editorial: M. Esther Nejm
Gerência editorial: Cláudia Carvalho Neves
Gerência de *design* e produção: André Monteiro
Coordenação de *design*: Gilciane Munhoz
Coordenação de arte: Melissa Steiner Rocha Antunes
Coordenação de iconografia: Josiane Laurentino
Assistência administrativa editorial: Fernanda Fortunato

Produção editorial: Scriba Soluções Editoriais
Supervisão de produção: Priscilla Cornelsen Rosa
Edição: Raquel Teixeira Otsuka, Marcos Rogério Morelli, Guilherme dos Santos Roberto, Denise de Andrade
Revisão: Liliane Fernanda Pedroso, Luciane Gomide
Edição de arte: Mary Vioto, Barbara Sarzi, Janaina Oliveira
Pesquisa iconográfica: André Silva Rodrigues
Projeto gráfico: Marcela Pialarissi, Rogério C. Rocha

Capa: Gilciane Munhoz
Ilustração de capa: Brenda Bossato
Pré-impressão: Américo Jesus
Fabricação: Alexander Maeda
Impressão: Meta Brasil

Dados Internacionais de Catalogação na Publicação (CIP)
(Câmara Brasileira do Livro, SP, Brasil)

Marinho, Daniela Oliveira Passos
   Vamos aprender língua portuguesa, 3º ano : ensino fundamental / Daniela Oliveira Passos Marinho. – 2. ed. – São Paulo : Edições SM, 2020.

   Suplementado pelo manual do professor.
   Bibliografia.
   ISBN 978-85-418-2647-1 (aluno)
   ISBN 978-85-418-2652-5 (professor)

   1. Português (Ensino fundamental) I. Título.

19-31409   CDD-372.6

Índices para catálogo sistemático:

1. Português : Ensino fundamental 372.6

Iolanda Rodrigues Biode – Bibliotecária – CRB-8/10014

2ª edição, 2020

1 impressão, setembro 2023

SM Educação
Rua Tenente Lycurgo Lopes da Cruz, 55
Água Branca   05036-120   São Paulo   SP   Brasil
Tel. 11 2111-7400
atendimento@grupo-sm.com
www.grupo-sm.com/br

Caro aluno, cara aluna,

Você começou a aprender e a fazer descobertas antes mesmo de entrar na escola. Este livro foi criado para demonstrar o quanto você já sabe e o quanto ainda pode aprender. Ele também vai ajudar você a conhecer mais sobre si e a entender melhor o mundo em que vivemos.

Vamos conhecê-lo!

Abertura

No início de cada unidade, você vai encontrar uma imagem e o **Ponto de partida**, com questões para que converse com os colegas sobre o assunto da unidade.

Lendo...

Aqui você e seus colegas vão ler diferentes textos.

Estudando o texto

Após a leitura, você vai fazer atividades que auxiliam na interpretação do texto lido.

Trocando ideias

Oportunidade para que você e os colegas troquem ideias sobre o texto lido ou sobre o conteúdo estudado.

Dica

Boxe que apresenta dicas sobre alguns conteúdos ou atividades.

Comparando textos

Momento para você e os colegas compararem textos lidos na unidade.

Lendo com expressividade

Momento para você e os colegas lerem alguns textos de forma expressiva.

Lá vem...

Nesses momentos, o professor vai ler um texto ou reproduzir uma canção para que você e seus colegas ouçam.

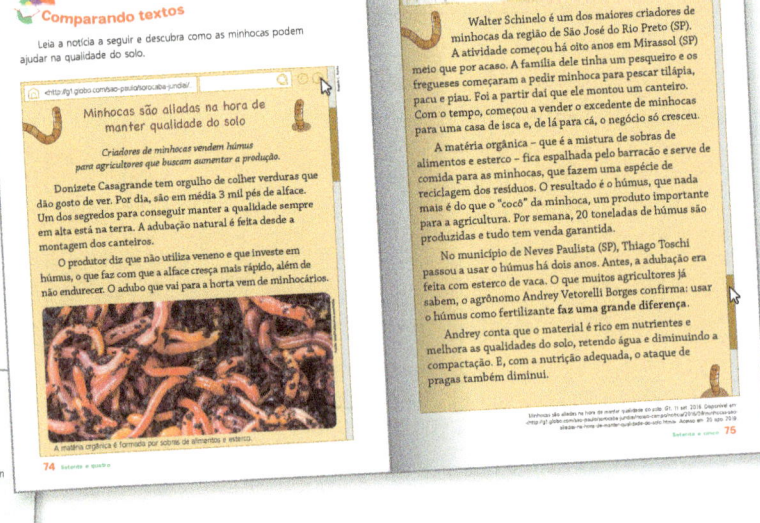

Por dentro do tema

Você e os colegas poderão refletir e conversar sobre temas importantes para nossa sociedade, como saúde, meio ambiente e direitos humanos.

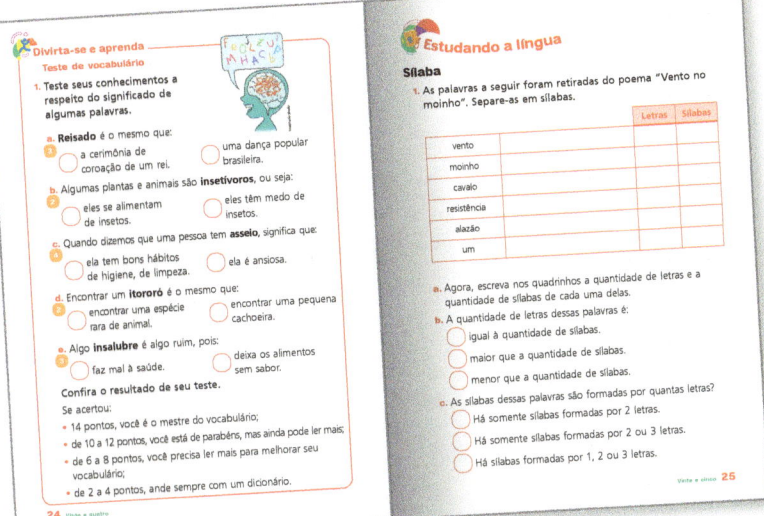

Estudando a língua

Aqui você vai aprender ou revisar alguns conteúdos relacionados à nossa língua.

Divirta-se e aprenda

Aqui você encontrará brincadeiras, atividades e jogos relacionados aos conteúdos da unidade.

Como se escreve?

Para aprender como escrever as palavras de acordo com as regras ortográficas da nossa língua.

Pratique e aprenda

Para colocar em prática o que aprendeu por meio de atividades.

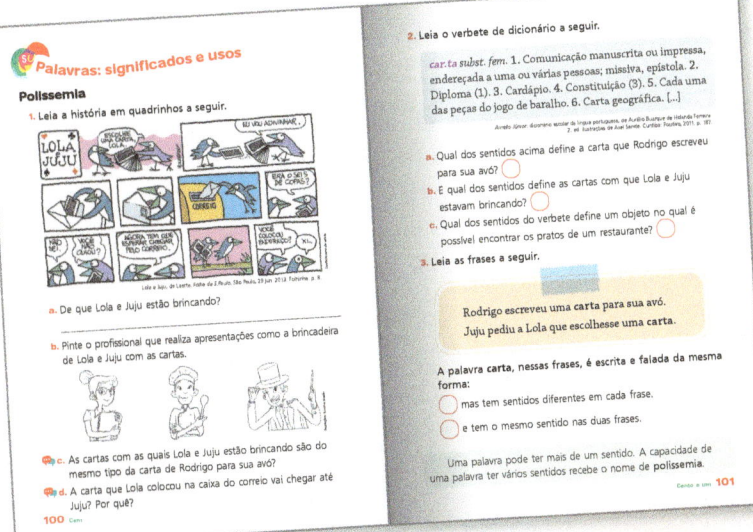

Palavras: significados e usos

Você vai conhecer palavras de origem indígena, sinônimos e antônimos, uso do dicionário e muito mais.

Produção escrita

Você vai produzir um texto escrito para colocar em prática o que está aprendendo.

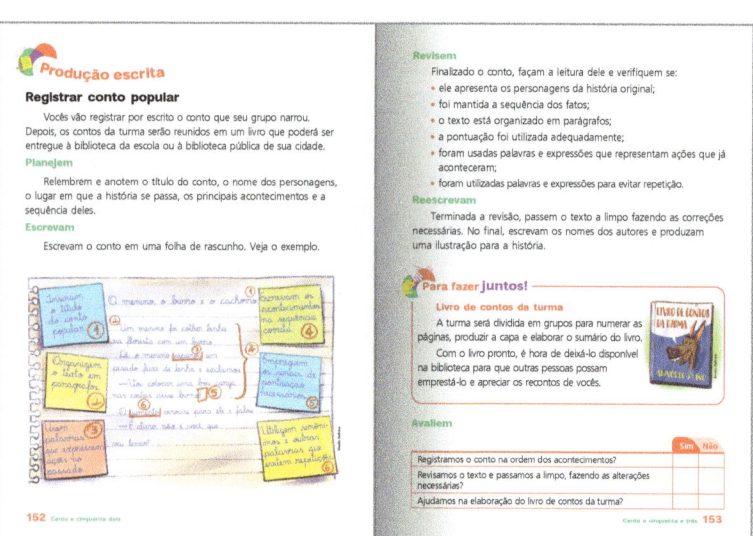

Para fazer juntos!

Oportunidade para que você e os colegas trabalhem juntos em alguma atividade.

Aprenda mais!

Veja sugestões de livros, filmes, *sites*, vídeos e músicas.

Produção oral

Você vai praticar a oralidade por meio de atividades, como debates, seminários e entrevistas.

Produção oral e escrita

Aqui você vai produzir textos escritos e orais.

Que curioso!

Informações curiosas relacionadas ao conteúdo estudado você encontra aqui.

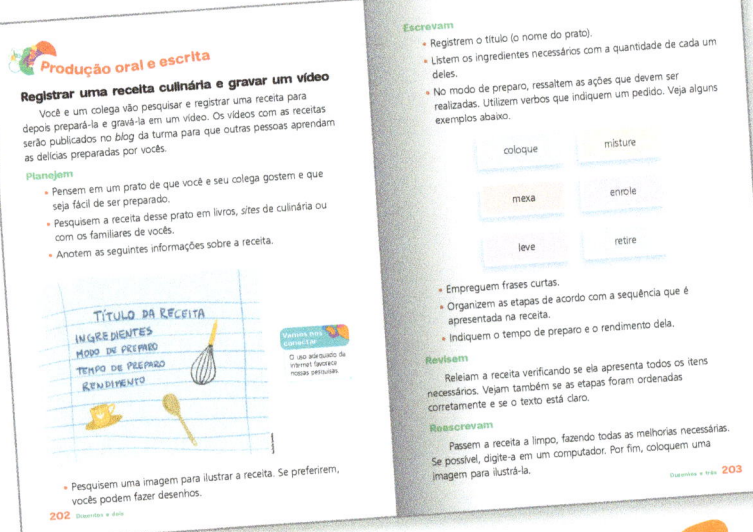

Ponto de chegada

Vai ajudar você a revisar os conteúdos estudados na unidade.

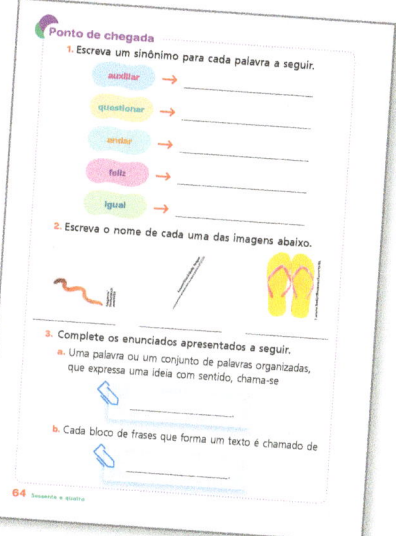

Fazendo e acontecendo

Ao final de cada volume, você e os colegas colocarão em prática o que aprenderam e farão atividades práticas, como a produção de um jornal televisivo e a organização de um sarau.

Vamos...

Aqui você vai ver dicas, comentários e reflexões que contribuem para o seu desenvolvimento e para sua relação com os outros e com o mundo. Veja alguns exemplos.

Conheça os ícones

- Responda à atividade oralmente.
- Escreva a resposta no caderno.

SUMÁRIO

UNIDADE 1 — Gosta de poesia?............... 13

Lendo um poema
- Vento no moinho
  Sérgio Capparelli 14
- Estudando o texto 16
- Lá vem poema 17

Comparando textos 18

Palavras: significados e usos
- As palavras no dicionário 20
- Pratique e aprenda 22

Divirta-se e aprenda
- Teste de vocabulário 24

Estudando a língua
- Sílaba 25
- Pratique e aprenda 27

Lendo um cordel
- Cinderela
  Sírlia Sousa de Lima 28
- Estudando o texto 31

Como se escreve?
- Palavras com c e qu e palavras com g e gu 33
- Pratique e aprenda 34

Produção oral
- Declamar poema ou cordel em um sarau 36
- Aprenda mais! 36

UNIDADE 2 — Nossos caminhos 39

Lendo uma reportagem
- Como você vai para a escola?
  Correio Braziliense 40
- Estudando o texto 43

Palavras: significados e usos
- Sinônimos 45
- Pratique e aprenda 45

Como se escreve?
- Palavras com nh, ch e lh 48
- Pratique e aprenda 49

Lendo um guia de instruções
- Você sabe se comportar no trânsito?
  EBC 51
- Estudando o texto 53

Divirta-se e aprenda
- Sete erros no trânsito 55

Estudando a língua
- Frase e parágrafo 56
- Pratique e aprenda 58

Por dentro do tema
- Conselhos para a sua segurança 60

Produção oral e escrita
- Produzir e distribuir folhetos com dicas de segurança no trânsito 61

UNIDADE 3 — Curiosidade animal 65

Lendo um texto de experimento científico
- Minhocário
  Isabela V.S.B. 66
- Estudando o texto 68

Palavras: significados e usos
- Antônimos 71
- Pratique e aprenda 72

Comparando textos 74

Estudando a língua
- Sílaba tônica 78
- Pratique e aprenda 79

Lendo um texto de divulgação científica
- Os mais rápidos e os mais lentos
  Camilla de la Bédoyère 81
- Estudando o texto 84

Estudando a língua
- Acentos agudo e circunflexo 87
- Pratique e aprenda 87
- Acentuação de palavras monossílabas e oxítonas 88
- Pratique e aprenda 89

Produção oral e escrita
- Realizar experimento e produzir um relato de observação 90

Aprenda mais! 91

UNIDADE 4 — Cartas para você 95

Lendo uma carta pessoal
- Carta pessoal
  Rodrigo 96
- Estudando o texto 97
- Aprenda mais! 99

Palavras: significados e usos
- Polissemia 100

Comparando textos 102

Estudando a língua
- Separação de palavras em sílabas 105

Por dentro do tema
- Trocando cartas e criando laços 107

Lendo um diário literário
- O diário escondido da Serafina
  Cristina Porto 108
- Estudando o texto 110

Estudando a língua
- Registro formal e registro informal 113
- Pratique e aprenda 114

Como se escreve?
- Palavras com s e ss 117
- Pratique e aprenda 118

Produção escrita
- Produzir carta pessoal 120

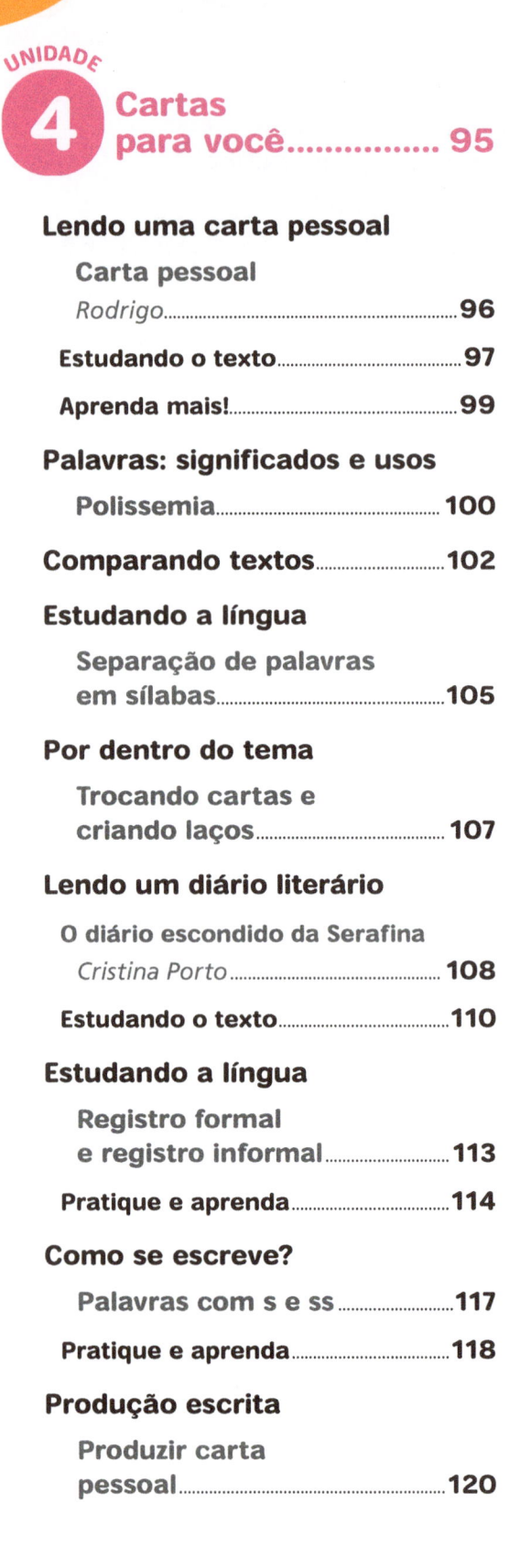

UNIDADE 5 — Conte outra vez 123

Lendo um conto popular
- O macaco e a onça
  recontado por Ricardo Dalai e Marcia Paganini 124
- Estudando o texto 127

Palavras: significados e usos
- Palavras e expressões com sentido figurado 130
- Pratique e aprenda 131
- Lá vem lenda 132

Estudando a língua
- Pontuação: ponto-final, ponto de interrogação, ponto de exclamação e reticências 133
- Pratique e aprenda 136
- Pontuação: dois-pontos e travessão 137
- Pratique e aprenda 138

Lendo um trecho de texto dramático
- Quem conta um conto aumenta um ponto
  Raimundo Matos de Leão 139
- Estudando o texto 143

Como se escreve?
- Sons nasais (til, m, n) 146
- Pratique e aprenda 147
- Palavras com m e n 148
- Pratique e aprenda 149

Produção oral
- Recontar conto popular 150
- Aprenda mais! 150

Produção escrita
- Registrar conto popular 152

UNIDADE 6 — Convivendo e aprendendo 155

Lendo um trecho de conto
- Meu avô africano
  Carmen Lucia Campos **156**
- Estudando o texto **159**
- Lá vem conto **160**

Estudando a língua
- Substantivo e verbo **161**
- Pratique e aprenda **162**

Lendo uma notícia
- Estudo revela que as pessoas viverão mais
  Jornal Joca **166**
- Estudando o texto **168**

Como se escreve?
- Palavras com r e rr **171**
- Pratique e aprenda **172**

Por dentro do tema
- Todo mundo tem direitos! **175**

Produção oral e escrita
- Produzir notícia e apresentar telejornal **176**

UNIDADE 7 — Jeitos de viver 181

Lendo uma reportagem
- O dom de Maneloião
  Gabriela Romeu **182**
- Estudando o texto **184**
- Lá vem poema **186**

Palavras: significados e usos
- Variação linguística geográfica **187**
- Lá vem canção **189**

Estudando a língua
- Adjetivo **190**
- Pratique e aprenda **192**

Lendo uma receita
- Bolo de aipim
  Cocoricó: receitas da fazenda **194**
- Estudando o texto **195**

Como se escreve?
- Formação de palavras **198**
- Pratique e aprenda **200**

Produção oral e escrita
- Registrar uma receita culinária e gravar um vídeo **202**
- Aprenda mais! **204**

UNIDADE 8 Cuidando do meio ambiente 207

Lendo um anúncio de propaganda

Separe o lixo e acerte na lata
Ministério do Desenvolvimento Social e Combate à Fome e Ministério do Meio Ambiente 208

Estudando o texto 209

Divirta-se e aprenda

Separação de materiais 211

Comparando textos 212

Estudando a língua

Pronomes 214

Pratique e aprenda 216

Lendo uma história em quadrinhos

Cascão em: nada dentro
Mauricio de Sousa 218

Estudando o texto 221

Por dentro do tema

Seja consciente: preserve o meio ambiente! 225

Como se escreve?

Letras *e* e *o* em final de palavras 226

Pratique e aprenda 228

Produção oral

Realizar debate 230

Produção escrita

Produzir anúncio de propaganda 232

Fazendo e acontecendo

Brinque de poesia 235

Aprenda mais! 236

Bibliografia 238

unidade

1 Gosta de poesia?

Ponto de partida
1. O que você acha que o menino da imagem está sentindo?
2. O que você sente ao ler um poema?

Lendo um poema

Leia o título do poema a seguir e observe as ilustrações que o acompanham. Em seguida, troque ideias com os colegas e o professor sobre o que você imagina que encontrará nele.

Agora, leia o poema.

Vento no moinho

O vento foi ao moinho,
Num cavalo alazão,
Saber o peso da mó
E a resistência do grão.

O vento foi ao moinho
Com um ramo de alecrim.

O trigo, que era trigo,
Maduro, na plantação,
Agora não é mais trigo,
Era trigo; agora, pão.

alazão: tipo de cavalo que tem o pelo de cor castanha e avermelhada
mó: pedra grande com furo no meio, utilizada para triturar grãos em um moinho, ao girar sobre outra pedra
moinho: construção ou aparelho utilizado para moer cereais, que pode ser movido por vento, água, animais ou motor

O vento foi ao moinho
Com uma flor de jasmim.

O vento, que era vento,
Na crina de um alazão.
O vento deixou de ser vento,
Era vento; agora, não.

O vento foi ao moinho,
Com um ramo de alecrim.

E você, em um canteiro,
Que era uma flor em botão,
Agora, desabrochou,
Dentro do meu coração.

Vento no moinho, de Sérgio Capparelli.
Em: *Minha sombra*. 4. ed. Ilustrações originais
de Chico Baldini. Porto Alegre: L&PM, 2006. p. 37.

canteiro: lugar onde se cultivam flores e hortaliças
desabrochou: abriu

O poema que você leu faz parte do livro *Minha sombra*. Essa obra, que reúne poemas sobre animais e muitos outros assuntos, vai fazer você mergulhar no mundo da poesia.

Capa do livro *Minha sombra*, de Sérgio Capparelli.

Lendo com expressividade

Vamos ler o poema em forma de jogral?

Antes de apresentá-lo, é importante reler silenciosamente o poema, para que, na hora de lê-lo em voz alta, os versos sejam pronunciados com expressividade e em sincronia com a leitura dos demais colegas.

Estudando o texto

1. O que você sentiu ao ler o poema?

2. O assunto tratado no poema é o mesmo que você havia imaginado antes da leitura? Explique sua resposta.

3. Quantas estrofes esse poema tem?

4. O que o vento foi fazer no moinho?

_____

_____

5. Quando o vento ia ao moinho, o que levava consigo?

_____

_____

6. Observe as ilustrações a seguir e responda às questões.

a. A qual estrofe as ilustrações acima se referem?

_____

b. Que transformação essas ilustrações e a estrofe que você informou acima sugerem?

_____

c. O que possibilitou essa transformação?

_____

_____

7. Releia a 5ª estrofe do poema.

> O vento, que era vento,
> Na crina de um alazão.
> O vento deixou de ser vento,
> Era vento; agora, não.

O que aconteceu com o vento?

_____

Lá vem poema

Ouça a leitura que o professor vai fazer do poema "Tatu", de autoria do poeta gaúcho Kalunga. Mas prepare-se: esse poema é praticamente um trava-língua. Vamos escutar?

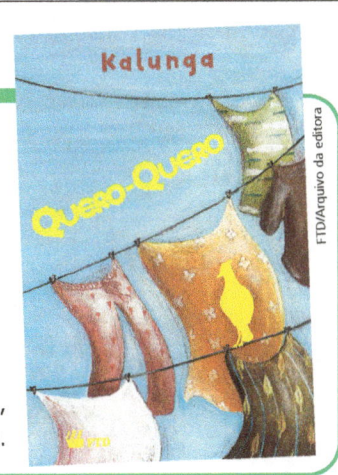

Capa do livro *Quero-quero*, de Kalunga, publicado pela editora FTD, 2009.

Dezessete 17

Comparando textos

Leia as instruções de montagem de um brinquedo que imita a técnica dos moinhos.

Cata-vento

Materiais:
- Papel quadrado (15 cm x 15 cm)
- Palito de madeira
- Fita adesiva
- Lápis
- Régua
- Alfinete de cabeça
- Canudo
- Tesoura com pontas arredondadas

❶ Com o lápis e a régua, desenhe linhas diagonais no papel, formando um X. Corte-o nas linhas desenhadas até um pouco antes do meio.

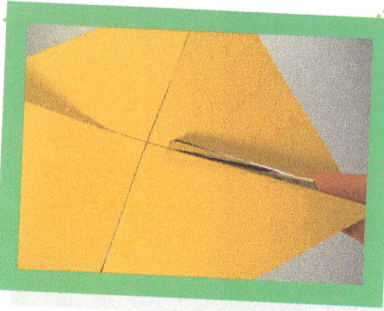

❷ Peça a um adulto que prenda o alfinete no centro do X. Dobre uma ponta sim, outra ponta não até o meio e prenda-as com a fita adesiva.

❸ Prenda o palito de madeira ao alfinete, colocando, no espaço que sobrar entre o palito e o papel, um pequeno pedaço do canudo, para que o papel não fique solto.

❹ Está pronto seu cata-vento!

Fotos: José Vitor Eiorza/ASC Imagens

Fonte de pesquisa: *Projetos escolares*, São Paulo, On Line Editora, n. 12, dez. 2017 p. 32.

1. Por que o texto da página anterior se chama **instruções de montagem**?

_____
_____
_____
_____

2. Qual é o objetivo desse texto?

◯ Ensinar o leitor a confeccionar um cata-vento.

◯ Narrar a história de uma criança com seu cata-vento.

3. Esse texto é dividido em duas partes. Quais são elas?

_____
_____

4. Para que servem as fotos que acompanham esse texto?

_____
_____
_____

5. No texto "Cata-vento", há algumas palavras que indicam as ações que devem ser realizadas. Sublinhe-as no texto.

6. Vamos comparar os textos "Vento no moinho" e "Cata-vento"? Para isso, responda às questões a seguir.

a. Em qual texto há um trabalho com as palavras, de modo a produzir rimas, construir o ritmo e formar imagens poéticas?

_____

b. Em qual texto há uma linguagem mais direta?

_____

Dezenove **19**

Palavras: significados e usos

As palavras no dicionário

1. O dicionário reúne as palavras da língua, acompanhadas de seus significados. Veja a reprodução de uma página de dicionário.

PASSISTA 577 PATÊ

PASSISTA, s. Pessoa que participa dos desfiles das escolas de samba. *pas.sis.ta*
PASSIVA, s. f. (Gram.) A voz passiva dos verbos; forma que tomam os verbos quando exprimem uma ação sofrida, recebida pelo sujeito. *pas.si.va*
PASSIVAR, v. t. (Gram.) Dar significação ou forma passiva a (um verbo). *pas.si.var*
PASSÍVEL, adj. Sujeito a sensações de sofrimento, alegria etc.; que deve sofrer; que fica sujeito a. *pas.sí.vel*
PASSIVIDADE, s. f. Qualidade do que é passivo; inércia. *pas.si.vi.da.de*
PASSIVO, adj. Que sofre uma ação ou impressão; que não exerce ação; inerte; indiferente; (Gram.) diz-se da forma com que o verbo indica a ação recebida pelo sujeito. *pas.si.vo*
PASSO, s. m. Ato de avançar ou recuar um pé, para andar; marcha; espaço entre um e outro pé quando se anda; passagem, geralmente estreita; conjuntura; (Geom.) distância entre duas espirais consecutivas, em hélice ou parafuso; situação; caso; negócio; ação; antiga medida de comprimento, equivalente a 1,65 m; modo de andar; cada uma das diferentes posições do pé, na dança; lugar, no rio ou riacho, de passagem habitual; ao — que: enquanto; a —: lentamente; ao mesmo —: o mesmo tempo, a um só tempo; marcar —: permanecer na mesma posição; não progredir. *pas.so*
PASTA, s. f. Porção de massa semissólida, achatada; porção de metal fundido e ainda não trabalhado; espécie de carteira de papelão, couro etc. para conter papéis; cargo de ministro ou secretário de Estado. *pas.ta*
PASTAGEM, s. f. Pasto; lugar onde o gado pasta ou pode pastar; erva própria para o gado pastar. *pas.ta.gem*
PASTAR, v. t. Comer a erva de; int. comer erva não ceifada (o gado); nutrir-se; (fig.) sofrer contrariedades. *pas.tar*
PASTARIA, s. f. Campo de pastagem. *pas.ta.ri.a*
PASTEL, s. m. Massa de farinha frita e recheada; caracteres tipográficos misturados e confundidos; processo de desenhar ou pintar com lápis de cores especiais (chamados pastel); pintura ou desenho feito por esse processo. (Pl.: pastéis.) *pas.tel*
PASTELÃO, s. m. Grande pastel, empadão. *pas.te.lão*
PASTELARIA, s. f. Estabelecimento ou arte de pasteleiro. *pas.te.la.ri.a*
PASTEURIZAÇÃO, s. f. Ato ou efeito de pasteurizar. *pas.teu.ri.za.ção*
PASTEURIZADEIRA, s. f. ou **PASTEURIZADOR** (ô), s. m. Aparelho para pasteurizar. *pas.teu.ri.za.dei.ra/pas.teu.ri.za.dor*
PASTEURIZADO, adj. Esterilizado; que passou pelo processo de pasteurização. *pas.teu.ri.za.do*
PASTEURIZAR, v. t. Esterilizar pelo calor (o leite etc.), aquecendo a cerca de 70 graus Celsius e esfriando rapidamente. *pas.teu.ri.zar*

PASTICHAR, v. int. Fazer pasticho. *pas.ti.char*
PASTICHO, s. m. Plágio, obra de pintura imitada servilmente de outra; imitação ruim de obra literária. *pas.ti.cho*
PASTIFÍCIO, s. m. Fábrica de massas alimentícias. *pas.ti.fí.cio*
PASTILHA, s. f. Pasta de açúcar que contém um medicamento ou uma essência; pequena peça de cerâmica ou de material vítreo, muito empregada em revestimento de pisos e fachadas de prédios. *pas.ti.lha*
PASTO, s. m. Erva para alimento do gado; pastagem; comida; casa de —: restaurante. *pas.to*
PASTOR (ô), s. m. Guardador de gado; (flexões: pastora, pastoras, pastores); sacerdote protestante; (fig.) pároco. *pas.tor*
PASTORAL, adj. Relativo a pastor; s. f. carta circular dirigida por um bispo aos padres ou fiéis da sua diocese; poesia bucólica. *pas.to.ral*
PASTORAR, v. t. Pastorear. *pas.to.rar*
PASTOREAÇÃO, s. f. Ato de pastorear. *pas.to.re.a.ção*
PASTOREADOR (ô), s. m. O que pastoreia o gado; lugar onde se pastoreia. *pas.to.re.a.dor*
PASTOREAR, v. t. Exercer a atividade de pastor; apascentar; guardar (o gado) no pasto. *pas.to.re.ar*
PASTOREIO, s. m. Indústria pastoril; lugar onde se pastoreia o gado; o gado que se pastoreia. *pas.to.rei.o*
PASTORIL, adj. De pastor, próprio de pastor, relativo à vida de pastor; (fig.) campesino, rústico, bucólico. *pas.to.ril*
PASTOSO (ô), adj. Viscoso, xaroposo; (fig.) designativa da voz arrastada e pouco clara. *pas.to.so*
PATA, s. f. Fêmea do pato; pé de animal; extremidade da âncora; (fam.) pé grande; pé. *pa.ta*
PATACA, s. f. Moeda antiga de prata, do valor de 320 réis. *pa.ta.ca*
PATACÃO, s. m. Antiga moeda de cobre portuguesa do valor de 40 réis, que passou depois a chamar-se pataca; moeda antiga de prata de 2.000 réis; relógio de bolso muito grande. *pa.ta.cão*
PATA-CHOCA, s. f. Mulher muito gorda, desengonçada. (Pl.: patas-chocas.) *pa.ta.cho.ca*
PATACO, s. m. Patacão; (fig.) homem estúpido. *pa.ta.co*
PATACOADA, s. f. Disparate. *pa.ta.co.a.da*
PATADA, s. f. Pancada com pata; (fig.) tolice; ação agressiva. *pa.ta.da*
PATAMAR, s. m. Espaço mais ou menos largo no topo de uma escada ou de um lanço de escadas. *pa.ta.mar*
PATATIVA, s. f. Pássaro de cor cinzenta, de canto mavioso; (fig.) indivíduo falador, cantor de voz melodiosa. *pa.ta.ti.va*
PATAVINA, pron. indef. e s. f. Coisa nenhuma, nada. *pa.ta.vi.na*
PATÊ, s. m. Tipo de pasta (de fígado, queijo etc.), geralmente servida sobre canapés ou torradas. *pa.tê*

Silveira Bueno: minidicionário da língua portuguesa. 2. ed. São Paulo: FTD, 2007. p. 577.

a. As palavras no dicionário estão organizadas de acordo com uma ordem. Que ordem é essa?

_____

_____

b. Em sua opinião, por que estão organizadas nessa ordem?

_____

_____

_____

c. Cada palavra destacada em azul e acompanhada de seus significados chama-se **verbete**. Em quantas colunas os verbetes desse dicionário estão organizados?

_____

d. No alto da página, em destaque, aparecem duas palavras: uma à direita e outra à esquerda. O que elas indicam?

_____

_____

_____

2. Observe este verbete.

> *Cela,* s.f. **1.** Cubículo, quarto pequeno. **2.** Quarto de um religioso no seu convento ou de um preso nas cadeias ou penitenciárias. **3.** Pequeno quarto de dormir; alcova. **4.** Cada um dos alvéolos dos favos das abelhas. ***Ce.la.***

Minidicionário da língua portuguesa, de Gama Kury. São Paulo: FTD, 2010. p. 197.

Vinte e um **21**

a. O que os números estão indicando?

◯ Os diferentes significados da palavra.

◯ A ordem dessa palavra no dicionário.

b. No final do verbete aparece novamente a palavra **cela**. De que forma ela está apresentada?

_____

No dicionário, encontramos as palavras de uma língua organizadas em **ordem alfabética**, acompanhadas de seus significados.

Pratique e aprenda

1. Leia estas palavras.

> telefone • mensagem
> carteiro • bilhete

a. No dicionário, qual delas é:

- a primeira a aparecer? _____
- a segunda a aparecer? _____
- a terceira a aparecer? _____
- a última a aparecer? _____

b. O que você observou nas palavras para responder às questões da página anterior?

_____

2. Escreva em ordem alfabética as palavras do quadro abaixo.

> cinema • celular • carta • comunicação

_____

- Que letra você observou nas palavras para escrevê-las em ordem alfabética?

_____

3. Escreva as palavras abaixo na ordem em que aparecem no dicionário, ou seja, na ordem alfabética.

> abutre • abismo • abelha • abacaxi • abóbora

_____

- Que letra você observou nas palavras para escrevê-las em ordem alfabética?

_____

4. Leia as palavras abaixo e marque um **X** na alternativa que apresenta a posição correta delas em um dicionário.

caneta   **caneca**

◯ Entre **canela** e **canga**.   ◯ Entre **canela** e **caneta**.

◯ Entre **canga** e **canil**.   ◯ Entre **canal** e **canela**.

- Que letras você observou nas palavras para assinalar as respostas anteriores?

_____

_____

Vinte e três **23**

Divirta-se e aprenda

Teste de vocabulário

1. Teste seus conhecimentos a respeito do significado de algumas palavras.

   a. **Reisado** é o mesmo que:

   ③
   - ○ a cerimônia de coroação de um rei.
   - ○ uma dança popular brasileira.

   b. Algumas plantas e animais são **insetívoros**, ou seja:

   ②
   - ○ eles se alimentam de insetos.
   - ○ eles têm medo de insetos.

   c. Quando dizemos que uma pessoa tem **asseio**, significa que:

   ④
   - ○ ela tem bons hábitos de higiene, de limpeza.
   - ○ ela é ansiosa.

   d. Encontrar um **itororó** é o mesmo que:

   ②
   - ○ encontrar uma espécie rara de animal.
   - ○ encontrar uma pequena cachoeira.

   e. Algo **insalubre** é algo ruim, pois:

   ③
   - ○ faz mal à saúde.
   - ○ deixa os alimentos sem sabor.

   Confira o resultado de seu teste.

   Se acertou:

   - 14 pontos, você é o mestre do vocabulário;
   - de 10 a 12 pontos, você está de parabéns, mas ainda pode ler mais;
   - de 6 a 8 pontos, você precisa ler mais para melhorar seu vocabulário;
   - de 2 a 4 pontos, ande sempre com um dicionário.

Estudando a língua

Sílaba

1. As palavras a seguir foram retiradas do poema "Vento no moinho". Separe-as em sílabas.

		Letras	Sílabas
vento			
moinho			
cavalo			
resistência			
alazão			
um			

a. Agora, escreva nos quadrinhos a quantidade de letras e a quantidade de sílabas de cada uma delas.

b. A quantidade de letras dessas palavras é:

○ igual à quantidade de sílabas.

○ maior que a quantidade de sílabas.

○ menor que a quantidade de sílabas.

c. As sílabas dessas palavras são formadas por quantas letras?

○ Há somente sílabas formadas por 2 letras.

○ Há somente sílabas formadas por 2 ou 3 letras.

○ Há sílabas formadas por 1, 2 ou 3 letras.

Vinte e cinco **25**

d. Quais sílabas são formadas apenas por vogal?
_____

e. Há alguma sílaba formada apenas por consoante?
_____

Em uma sílaba, sempre haverá vogal.
Uma sílaba pode ser formada apenas por vogal, mas nunca apenas por consoante.

2. Leia novamente a estrofe a seguir, do poema "Vento no moinho".

E você, em um **canteiro**,

Que era uma **flor** em **botão**,

Agora, **desabrochou**,

Dentro do meu coração.

Escreva as palavras destacadas nessa estrofe do poema, de acordo com a quantidade de sílabas.

1 sílaba: _____

2 sílabas: _____

3 sílabas: _____

4 sílabas: _____

As palavras podem ser classificadas de acordo com a quantidade de sílabas. Veja.

- **Monossílabas**: palavras com uma sílaba.
- **Dissílabas**: palavras com duas sílabas.
- **Trissílabas**: palavras com três sílabas.
- **Polissílabas**: palavras com quatro sílabas ou mais.

Pratique e aprenda

1. Separe em sílabas cada uma das palavras a seguir.

alecrim

jasmim

grão

cavaleiro

- Escreva qual é a classificação das palavras acima, de acordo com a quantidade de sílabas.

grão: _____

alecrim: _____

jasmim: _____

cavaleiro: _____

2. Escreva o que se pede.

a. Uma palavra monossílaba: _____

b. Uma palavra dissílaba: _____

c. Uma palavra trissílaba: _____

d. Uma palavra polissílaba: _____

Lendo um cordel

O texto a seguir apresenta a história de um conto conhecido que foi reescrito na forma de cordel. Observe as ilustrações que o acompanham. Com base nelas, qual você imagina que seja o tema desse cordel?

Vamos apreciar

Aprecie o ritmo, as rimas e a história desse cordel.

Era uma vez uma garota
chamada de Cinderela
que morava com a madrasta
junto com as filhas dela
que atendiam por nome
de Anastácia e Drizela

[...]

Num castelo bem distante
o Rei era preocupado
já passara até do tempo
de o seu filho ter casado
pois até o vão momento
não tinha se apaixonado

O Rei era muito astuto
belo plano arquitetou
resolveu dar uma festa
e em seguida convidou
todas as moças solteiras
que o castelo acomodou

[...]

Cinderela sem ter nada
o baú foi revistar
encontrou um vestido antigo
e teve que reformar
o vestido ficou lindo
nem dava pra acreditar

As más filhas da madrasta
quando viram seu vestido
de maldade o rasgaram
pois já estava decidido
que ela não iria ao baile
por castigo merecido

Cinderela no jardim
começou logo a chorar
havia tanta tristeza
naquele seu lindo olhar
que até uma Fada Madrinha
veio ali lhe consolar

Você vai ao baile sim
vim aqui pra te ajudar
eu preciso de uma abóbora
vá correndo ali buscar
porque numa carruagem
eu logo irei transformar

[...]
Porém a fadinha mágica
impôs uma condição
ao chegar à meia-noite
findava toda ilusão
e ela voltasse pra casa
pra não ter decepção

[...]
Quando ela chegou ao baile
passou a ser a atração
quem seria essa donzela?
perguntou a multidão
o Príncipe logo a chamou
para dançar no salão

[...]

Quando deu a meia-noite
ela teve que fugir
e correndo em disparada
deixou do seu pé cair
o sapato de cristal
foi na hora de partir

O Príncipe desesperado
mandou logo procurar
a dona do sapatinho
com quem queria casar
e esse lindo pezinho
vai o sapato calçar

[...]

Chegando a vez da Princesa
ter experimentação
o sapatinho entrou
ficando uma perfeição
foi assim que Cinderela
encantou seu coração

Ao encontrar a Princesa
acabara o sofrimento
a Cinderela não iria
sofrer mais tanto tormento
e deram uma grande festa
no dia do casamento

[...]

Cinderela, de Sírlia Sousa de Lima. Em: *Contos encantados em cordel*. Natal: CJA Edições, 2014. p. 19-24.

O cordel que você leu foi escrito por Sírlia Sousa de Lima. Ela nasceu em Mossoró, no Rio Grande do Norte. É pedagoga, escritora e poeta.

Foto de Sírlia Sousa de Lima.

Lendo com expressividade

Junte-se a um colega e façam uma leitura expressiva do cordel desta seção. Para isso, cada um deve ler uma estrofe, alternadamente. Durante a leitura, atentem às rimas e à sonoridade do cordel.

Estudando o texto

1. O assunto do cordel com base na ilustração que o acompanha era o que você imaginou antes da leitura? Comente com os colegas.

2. O cordel lido foi inspirado no conto de fadas "Cinderela". Você conhece esse conto? O que você achou dessa versão em cordel?

3. Quais personagens são citados nesse trecho do cordel?
_____
_____
_____

4. O que a expressão "Era uma vez", empregada no cordel, indica a respeito do tempo dessa história?

   ○ Indica que essa história ocorreu há muito tempo, mas não é possível saber exatamente quando.

   ○ Indica que essa história ocorreu há pouco tempo e é possível saber exatamente quando.

5. Qual foi a condição que a Fada Madrinha deu a Cinderela para ajudá-la a ir ao baile?
_____
_____

Trinta e um **31**

6. Como você viu, o texto lido é um trecho de cordel.

   a. Quantas estrofes tem o trecho lido? ◯

   b. Quantos versos há em cada estrofe?
   _____

   c. Que efeito essa estrutura provoca no texto?

   ◯ Ela torna o cordel mais extenso e rápido de ler.

   ◯ Ela ajuda na musicalidade do texto, pois dá ritmo ao cordel.

7. Releia uma estrofe do cordel.

> Era uma vez uma garota
>
> chamada de Cinderela
>
> que morava com a madrasta
>
> junto com as filhas dela
>
> que atendiam por nome
>
> de Anastácia e Drizela

   a. Chamamos de **rima** o som semelhante no fim de duas ou mais palavras. Circule as palavras que rimam entre si nessa estrofe.

   b. As palavras que rimam entre si estão em quais versos da estrofe?
   _____
   _____

   c. Qual é a função das rimas em textos como esse?
   _____
   _____

Como se escreve?

Palavras com c e qu e palavras com g e gu

1. Leia em voz alta as palavras abaixo.

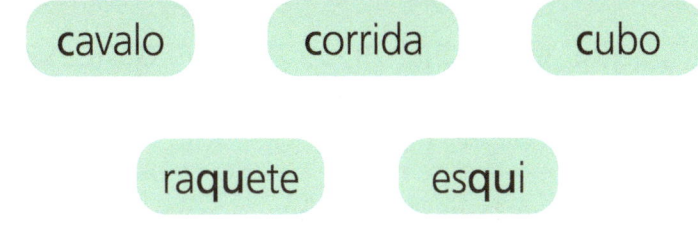

a. Nelas, o som representado pela letra **c** e por **qu** é o mesmo?

_____

b. Escreva as vogais que vêm após a letra **c** nessas palavras.

c. Agora, escreva as vogais que vêm após as letras **qu**.

2. Veja outras palavras com as letras **qu**.

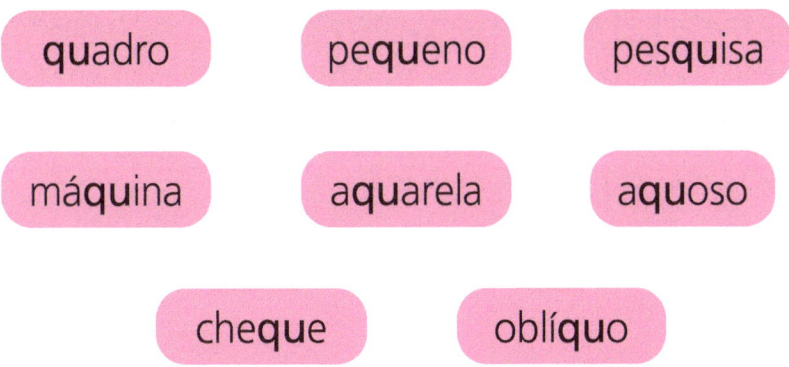

a. Nas sílabas **que** e **qui**, o **u** é pronunciado?

_____

b. Nas sílabas **qua** e **quo**, o **u** é pronunciado?

_____

Trinta e três **33**

3. Leia em voz alta mais algumas palavras.

| largada | goleiro | guri | caranguejo | guitarra |

a. O som representado pela letra **g** e pelo **gu** é o mesmo?

_____

b. Escreva as vogais que vêm após a letra **g** nessas palavras.

○ ○ ○

c. Agora, escreva as vogais que vêm após as letras **gu**.

○ ○

4. Leia outras palavras com as letras **gu**.

| guerreiro | guisado | água | enxáguo |

a. Nas sílabas **gue** e **gui**, o **u** é pronunciado?

_____

b. Nas sílabas **gua** e **guo**, o **u** é pronunciado?

_____

As letras **qu** e **gu** podem ser seguidas das vogais **a, e, i** e **o**. O **u** sempre é pronunciado quando seguido das vogais **a** e **o**, mas também pode ser pronunciado em algumas palavras quando seguido das vogais **e** e **i**.

Pratique e aprenda

1. Complete as palavras com **c** ou **qu**.

mos____a   mos____ito   ____uidado

____intal   ____abelo   bar____inho

2. Complete as palavras com **g** ou **gu**.

_____araná   _____aivota   _____olfinho

ja_____atirica   a_____ado   é_____a

3. Complete o diagrama a seguir com o nome das imagens.

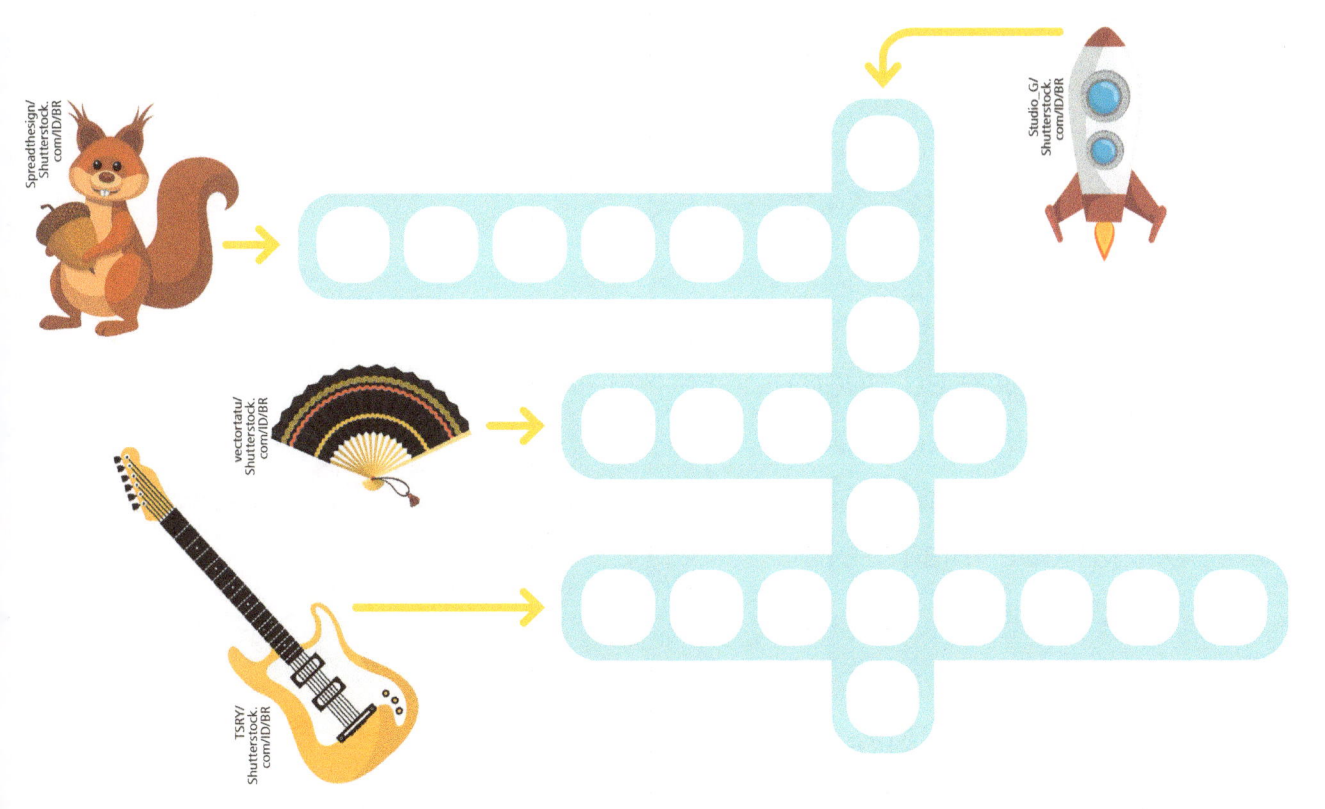

4. Escreva o nome da árvore ou da planta que produz cada fruta.

pêssego → _____

morango → _____

pitanga → _____

jaca → _____

damasco → _____

coco → _____

manga → _____

Trinta e cinco **35**

Produção oral

Declamar poema ou cordel em um sarau

Você e os colegas vão declamar cordéis e poemas para a comunidade escolar e para os familiares em um sarau.

Planejem

- Dividam-se em duplas.
- Definam se apresentarão poema ou cordel e pesquisem sobre ele em livros, revistas e *sites*.

Aprenda mais!

O livro *O que eu quero pode acontecer*, escrito pelo autor Pedro Bandeira, contém 20 poemas que falam sobre o universo infantil.

O livro *Mitos e lendas do Brasil em cordel*, de Nireuda Longobardi, apresenta a cultura brasileira por meio da literatura de cordel.

O que eu quero pode acontecer, de Pedro Bandeira. Ilustrações de Attilio. São Paulo: Moderna, 2018.

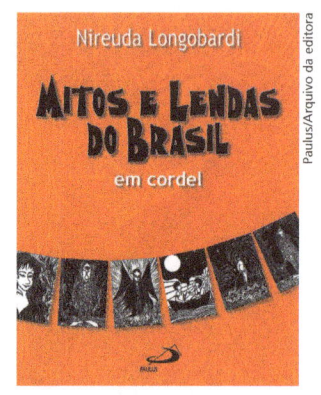

Mitos e lendas do Brasil em cordel, de Nireuda Longobardi. São Paulo: Paulus, 2009.

- Decidam se cada um lerá um verso ou uma estrofe do texto.
- Escolham quem vai saudar o público e apresentar a dupla.
- Ensaiem a leitura do poema treinando a entonação e o tom de voz.
- Selecionem adereços e/ou um fundo musical para complementar a apresentação.
- Produzam convites individuais para entregar aos amigos e familiares e confeccionem cartazes com as informações do evento para divulgar na escola.

Apresentem

No dia marcado, organizem o espaço onde ocorrerá o sarau. Vocês podem montar um palco ou formar uma roda com cadeiras, tecidos ou almofadas.

No momento da apresentação, sigam as dicas abaixo.

POSICIONEM-SE DE FRENTE PARA A PLATEIA.

DECLAMEM O TEXTO COM CLAREZA.

UTILIZEM GESTOS E EXPRESSÕES FACIAIS E CORPORAIS.

FAÇAM SILÊNCIO E PRESTEM ATENÇÃO NAS APRESENTAÇÕES.

AO FINAL DE CADA APRESENTAÇÃO, APLAUDAM OS COLEGAS.

Avaliem

	Sim	Não
Selecionamos um cordel ou um poema que agradou ao público?		
Ajudamos na organização do sarau?		
Ficamos atentos à declamação dos colegas?		

Ponto de chegada

1. As palavras em destaque em dicionários, acompanhadas de seus significados, são chamadas de _____. Essas palavras são organizadas em _____ _____.

2. Toda sílaba tem pelo menos uma vogal. As sílabas podem ser formadas apenas por _____, mas nunca apenas por _____.

3. Agora, separe o seu nome em sílabas e, em seguida, classifique-o de acordo com o número de sílabas.

4. Escreva o nome de cada imagem abaixo.

_____   _____

_____   _____

unidade

2 Nossos caminhos

Ponto de partida
1. Quais são suas impressões sobre esta imagem?
2. Como é o caminho que você percorre diariamente para ir à escola?
3. Você toma algum cuidado ao percorrer o caminho até a escola? Quais?

Lendo uma reportagem

Leia o título da reportagem a seguir. De que será que ela trata? Vamos descobrir?

http://www.correiobraziliense.com.br/app/noticia/eu-estudante/especial_transito-2016/2016/03/08/noticia-euestudante-especial-...

Página Inicial   Escola   Mais...   Pesquisar >>

Como você vai para a escola?

Quem mora pertinho vai a pé, quem está mais longe pega o carro, ônibus, metrô ou van escolar

postado em 08/03/2016 20:26 / atualizado em 08/03/2016 20:34

Existem muitos jeitos de chegar aos lugares que você precisa ir: aposto que você conhece alguém que adora andar de bicicleta e usa o veículo de duas rodas para quase tudo. Também já deve ter andado de carona em algum carro enquanto um adulto dirigia. E o ônibus? Ele te deixa no ponto pertinho de onde você quer ir quando você puxa a cordinha que dá sinal para o motorista parar.

Além desses, existem outros meios de transporte que levam as pessoas de um lugar ao outro, como o metrô, a motocicleta e até os seus próprios pés — para quando a distância não é tão grande assim. De todos esses que falamos lá no começo, qual você usa para chegar até a escola? Os alunos da Escola Classe 314 Sul utilizam os mais diferentes veículos para ir às aulas. Confira como é o trajeto de alguns estudantes até a escola:

http://www.correiobraziliense.com.br/app/noticia/eu-estudante/especial_transito-2016/2016/03/08/noticia-euestudante-especial-...

Página Inicial   Escola   Mais...   Pesquisar >>

João Lucas Pereira, 10 anos

O João, que está estudando no 5º ano, mora no Recanto das Emas e alterna entre os veículos para chegar à escola: algumas vezes, vai de carro, outras de ônibus — mas sempre acompanhado pelo pai dele, Paulo Pereira Neto.

Ônibus em Belém, Pará, 2016.

Quando entra no carro, às vezes, precisa de um puxão de orelha:

— Meu pai pede para eu colocar o cinto, porque eu esqueço.

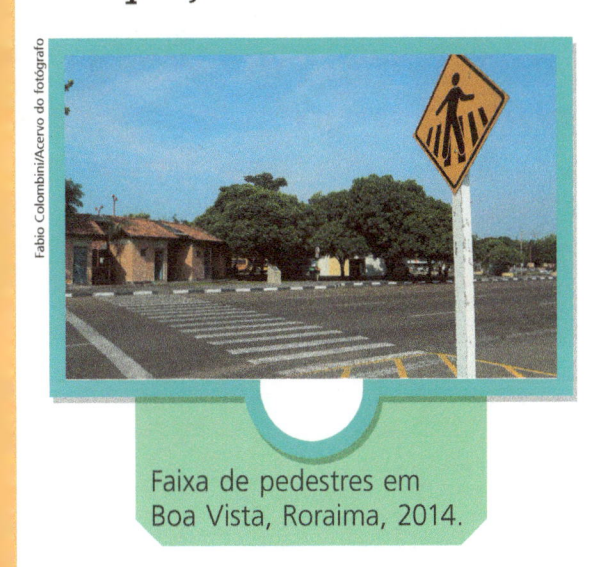

Faixa de pedestres em Boa Vista, Roraima, 2014.

Gabriel Alves, 8 anos

Para Gabriel, que está no 3º ano, o trajeto até a escola leva poucos minutos. Ele mora pertinho do colégio e vai todos os dias caminhando para a aula, de mãos dadas com o pai ou com a mãe dele.

— No caminho, vou sempre olhando as coisas na rua. Quando a gente vem andando, meu pai sempre dá o sinal na faixa para os carros pararem, mas alguns carros não param, conta o menino.

http://www.correiobraziliense.com.br/app/noticia/eu-estudante/especial_transito-2016/2016/03/08/noticia-euestudante-especial-...

| Página Inicial | Escola | Mais... | Pesquisar >> |

Ana Séfora, 7 anos

O metrô ainda não chega a todos os lugares, mas ele é o veículo que Ana Séfora, aluna do 2º ano, usa para ir à escola todos os dias. Ela desce pertinho, na estação 114 Sul. De lá para o colégio são somente mais alguns minutinhos de caminhada.

— Acho legal vir de metrô. Chego rápido e não faço bagunça no trem, para ajudar o meu pai, revela Ana.

[...]

Estação de metrô em Recife, Pernambuco, 2016.

Início ▲

Como você vai para a escola? *Correio Braziliense*, Brasília, 8 mar. 2016. Eu Estudante. D.A. Press. Disponível em: <http://www.correiobraziliense.com.br/app/noticia/eu-estudante/especial_transito-2016/2016/03/08/noticia-euestudante-especial-transito-2016,521173/como-voce-vai-para-a-escola.shtml>. Acesso em: 21 out. 2017.

O jornal *Correio Braziliense* circula na região de Brasília, que é a capital do Brasil. Ele também existe na forma digital, ou seja, publicado na internet, de onde foi retirada a reportagem que você leu nestas páginas.

Página inicial do *site* do jornal *Correio Braziliense*.

Estudando o texto

1. Qual é o assunto da reportagem lida?

2. Onde essa reportagem foi publicada?

3. Quem é o público-alvo dessa reportagem, ou seja, para quem ela foi escrita?

4. Qual é o objetivo dessa reportagem? Marque um **X** na alternativa correta.

   ○ Apresentar informações e fatos sobre como crianças vão à escola.

   ○ Narrar um conto sobre crianças que vão à escola.

   ○ Ensinar crianças a construir seu próprio meio de transporte.

5. Numere cada um dos itens de acordo com as partes da reportagem indicadas abaixo.

   > **❶ Como você vai para a escola?**
   >
   > **❷** *Quem mora pertinho vai a pé, quem está mais longe pega o carro, ônibus, metrô ou van escolar*
   >
   > **❸** postado em 08/03/2016 20:26 / atualizado em 08/03/2016 20:34

   ○ Indicação da data de postagem e atualização da reportagem.

   ○ Linha fina (pequeno trecho que complementa o título da reportagem).

   ○ Título da reportagem.

Quarenta e três **43**

6. Ligue o nome da criança citada no texto ao meio de transporte usado para ela ir à escola.

João Lucas   metrô

Gabriel   carro ou ônibus

Ana   a pé

7. Das três crianças, qual mora mais perto da escola?

_____

8. Complete o quadro a seguir escrevendo o nome da criança que disse cada uma destas dicas.

Dicas de trânsito	Nome da criança
Atravessar na faixa e dar o sinal.	
Usar o cinto de segurança.	
Não fazer bagunça no trem.	

9. Circule, no trecho abaixo, a palavra que o termo em destaque está substituindo.

[...] aposto que você conhece alguém que adora andar de bicicleta e usa o **veículo de duas rodas** para quase tudo.

• Por que foi feita essa substituição?

◯ Para evitar a repetição de uma palavra no texto.

◯ Para deixar o texto mais longo.

Palavras: significados e usos

Sinônimos

1. Releia um trecho da reportagem "Como você vai para a escola?".

> *Quem mora pertinho vai a pé, quem está mais **longe** pega o carro, ônibus, metrô ou van escolar*

Qual das palavras abaixo tem sentido parecido com o da palavra em destaque?

◯ Próximo.　　◯ Distante.　　◯ Seguinte.

As palavras que tem sentidos parecidos entre si são chamadas de **sinônimos**.

Pratique e aprenda

1. Escreva um sinônimo para cada uma das palavras destacadas nas frases abaixo.

   Dica Caso você tenha dúvidas, é possível consultar o dicionário para encontrar as palavras com sentido parecido.

   a. O meu **trajeto** até a escola é curto.

   _____

   b. O **começo** da reportagem chama a atenção do leitor.

   _____

   c. Meu pai vai para o trabalho **caminhando**.

   _____

Quarenta e cinco **45**

2. Encontre, no quadro a seguir, os pares de sinônimos e circule cada par com uma cor.

> escrever   alegre   aguardar
> rápido   contente   ligeiro   ficar
> permanecer   esperar   redigir

- Agora, escreva os pares de sinônimos que você encontrou.

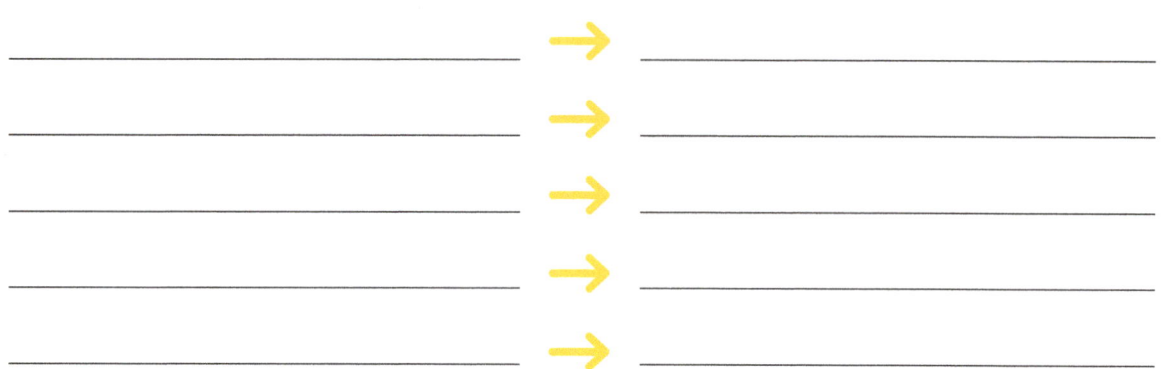

_____ → _____
_____ → _____
_____ → _____
_____ → _____
_____ → _____

3. Em cada grupo de palavras há uma que não é sinônima das demais. Localize e circule essa palavra.

irritado   furioso   perto   longe

bravo   distante

calmo   afastado

ligar   cheio   repleto

separar   vazio

unir   lotado

juntar

46 Quarenta e seis

4. Encontre, no diagrama, o sinônimo de cada uma das palavras do quadro a seguir.

> muito . calmo . rápido
> belo . carro . moradia

T	R	A	N	Q	U	I	L	O	A	R	R	O	Z
C	A	S	A	T	E	R	M	Ô	M	E	T	R	O
C	H	O	C	O	L	A	T	E	V	E	L	O	Z
M	E	S	A	B	O	N	I	T	O	P	A	T	O
B	A	S	T	A	N	T	E	B	A	N	A	N	A
F	I	G	O	L	U	S	T	R	E	L	A	Ç	O
A	F	E	T	O	A	U	T	O	M	Ó	V	E	L
E	S	C	O	L	A	D	E	D	O	P	O	T	E

5. Complete as frases a seguir com um sinônimo da palavra em destaque, evitando sua repetição.

a. Vovó preparou uma refeição **saborosa**. A comida estava tão _____ que todos a elogiaram.

b. Aquele bombeiro é um homem **valente**. Ele é tão _____ que já ganhou várias medalhas por isso.

c. O filme *A Noiva Cadáver* é de deixar qualquer um **assustado**. Quando assisti, fiquei tão _____ que não consegui dormir.

Quarenta e sete **47**

Como se escreve?

Palavras com nh, ch e lh

1. Observe os seguintes grupos de palavras.

   A
   cão
   bola
   sono

   B
   chão
   bolha
   sonho

   a. As palavras do grupo **A** e do grupo **B** são pronunciadas da mesma forma?
   _____

   b. Elas são escritas da mesma forma?
   _____

   c. Qual é a letra diferente que aparece nas palavras do grupo **B**?
   - Essa letra vem após quais consoantes?
   _____

2. Acrescente a letra **h** após as consoantes **c, l** e **n** nas palavras a seguir e forme novas palavras.

   lance _____   fala _____

   mola _____   mina _____

   fila _____   tina _____

   Ao acrescentar a letra **h** após as letras **c, l** e **n**, essas letras juntas passam a representar outro som.

Pratique e aprenda

1. Escreva o nome de cada um dos animais retratados abaixo.

_____   _____   _____

_____   _____   _____

2. Complete as frases com o nome das imagens.

a. Sempre deixo a minha _____ pronta para o dia seguinte.

b. Um passarinho fez um _____ na minha janela.

c. O outono é a estação em que as _____ das árvores geralmente caem.

Quarenta e nove **49**

3. Destaque os **adesivos** da página **249** e cole-os formando palavras.

- Escreva, com letra cursiva, cada palavra embaixo das peças que você colou.

50 Cinquenta

Lendo um guia de instruções

Será que você sabe como se comportar no trânsito? Leia o texto a seguir e descubra!

http://www.ebc.com.br/infantil/ja-sou-grande/2014/09/voce-sabe-se-comportar-...

Você sabe se comportar no trânsito?

Segundo a ONG Criança Segura, a grande maioria dos menores de 10 anos de idade não consegue lidar seguramente com o trânsito. Entre outros problemas, eles têm dificuldade de julgar a velocidade dos carros, a distância entre elas e os veículos e a direção dos sons da rua. Mas não são só as crianças abaixo desta idade que precisam entender as regras do trânsito para prevenir acidentes. Por isso, a instituição criou um guia de dicas para que crianças e adolescentes se comportem com segurança no trânsito. Confira:

- Olhe para os dois lados várias vezes antes de atravessar a rua. Atravesse quando a rua estiver livre e continue olhando para os dois lados enquanto atravessa;

- Utilize a faixa de pedestres sempre que disponível. Mesmo na faixa, você deve olhar várias vezes para os dois lados e atravessar em linha reta. Quando não houver faixa de pedestre, procure outros locais seguros para atravessar, seja na esquina, em passarelas ou próximo a lombadas eletrônicas;

- Entenda e obedeça aos sinais de trânsito;
- Não atravesse a rua por trás de carros, ônibus, árvores e postes;
- Nunca corra para a rua sem antes parar e olhar se vem carro – seja para pegar uma bola, o cachorro ou por qualquer outra razão. Correr precipitadamente para a rua é a causa da maioria dos atropelamentos fatais com crianças;
- Caminhe de frente para o tráfego (no sentido contrário aos veículos) em estradas ou vias sem calçadas. Assim, você pode ver e ser visto mais facilmente;
- Faça contato visual com o motorista ao atravessar a rua para ter certeza de ver e ser visto;
- Observe os carros que estão virando ou dando ré;
- Ao desembarcar do ônibus, espere que o veículo pare totalmente para descer e aguardar que ele se afaste para atravessar a rua.

Você sabe se comportar no trânsito? *EBC*, 30 set. 2014. Infantil. Disponível em: <http://www.ebc.com.br/infantil/ja-sou-grande/2014/09/voce-sabe-se-comportar-no-transito>. Acesso em: 31 out. 2017.

Esse guia de instruções foi publicado no *site EBC* (Empresa Brasil de Comunicação). Nesse *site*, é possível encontrar conteúdos ligados à cidadania, educação, tecnologia, entre outros.

Página inicial do *site EBC*.

A ONG Criança Segura, que criou o guia de dicas, é uma organização não governamental que tem por objetivo promover a prevenção de acidentes com crianças e adolescentes.

Estudando o texto

1. Você já conhecia e praticava todas as dicas de comportamento no trânsito apresentadas no texto?

2. Em sua opinião, as pessoas sabem como se comportar no trânsito?

3. De que trata esse texto? Pinte de amarelo o quadro com a alternativa correta.

> É um resumo das leis de trânsito.

> É um manual de boas maneiras.

> É um guia infantil com recomendações sobre cuidados e comportamentos no trânsito.

4. De acordo com o texto, quais são algumas das dificuldades que os menores de 10 anos costumam ter no trânsito?

- ⭕ Julgar a velocidade dos carros.
- ⭕ Julgar a distância entre eles e os veículos.
- ⭕ Compreender as regras de trânsito.
- ⭕ Identificar a direção dos sons da rua.
- ⭕ Atravessar na faixa de pedestres.

5. Com que objetivo a ONG Criança Segura criou esse guia de dicas?

_____

_____

Cinquenta e três **53**

6. Releia este trecho do texto.

> • **Olhe** para os dois lados várias vezes antes de atravessar a rua. **Atravesse** quando a rua estiver livre e **continue** olhando para os dois lados enquanto atravessa;

O que as palavras em destaque no texto indicam?

◯ Conselho, aviso.   ◯ Dúvida, pergunta.

7. Releia o seguinte trecho do texto.

> • Ao desembarcar do ônibus, espere que o veículo pare totalmente para descer e aguardar que ele se afaste para atravessar a rua.

Destaque os **adesivos** da página **249** e cole-os na sequência em que as ações aparecem nesse trecho.

1   **2**   **3**

8. Qual é o público-alvo desse texto, ou seja, para quem ele foi escrito?

_____

_____

54 Cinquenta e quatro

Divirta-se e aprenda

Sete erros no trânsito

1. Na cena abaixo, há sete infrações de trânsito. Identifique essas infrações e marque-as com um **X**.

Trocando ideias

- Converse com os colegas sobre a atitude correta que cada um desses personagens deveria ter tomado.

Estudando a língua

Frase e parágrafo

1. Leia o texto a seguir.

> Você sabe usar a faixa de pedestres? É preciso se certificar de que os motoristas estão vendo você quando for usá-la. Só atravesse a rua quando os carros estiverem completamente parados!

a. Circule com uma cor diferente cada sinal de pontuação desse texto.

b. Sublinhe a palavra que inicia cada frase.

c. A letra que inicia cada frase é:

○ minúscula.   ○ maiúscula.

Frase é uma palavra ou um conjunto de palavras organizadas que expressa uma ideia com sentido. As frases geralmente começam com letra maiúscula e são finalizadas por ponto-final, ponto de exclamação ou ponto de interrogação.

2. Leia o texto a seguir.

Para começo de conversa...

Trânsito é o direito que todas as pessoas têm de ir e vir de um lugar ao outro com segurança. Pode ser a pé, de carro ou de ônibus, de caminhão ou de trem, de bicicleta ou a cavalo... e até de barco!

E, para um convívio social tranquilo e organizado, foram criadas leis e regras, que são controladas pelos agentes de trânsito. E não é preciso ser um motorista para conhecer e respeitar essas normas: afinal, todos — motoristas, pedestres e passageiros — fazemos parte do trânsito.

Como pedestres e passageiros, temos o dever de contribuir para a construção de um espaço público mais justo, humano e cidadão. Fazendo a nossa parte, também podemos ajudar a lembrar os motoristas de fazer a deles.

Afinal, todas as pessoas têm direito a um **trânsito seguro**.

Ilustrações: Isabela Santos

Para começo de conversa..., de Malô Carvalho. Em: *Gente vai pra lá, gente vem pra cá: e todos têm direito a um trânsito seguro*. Ilustrações originais de Suzete Armani. Belo Horizonte: Autêntica, 2014. p. 8-10 (Coleção No caminho da cidadania).

a. Pinte o espaço que aparece no início de cada bloco do texto.

b. Quantos blocos há nesse texto? ◯

c. Todos os blocos do texto que você leu iniciam com letra:

◯ maiúscula.   ◯ minúscula.

3. Releia dois blocos do texto "Para começo de conversa...".

> Como pedestres e passageiros, temos o dever de contribuir para a construção de um espaço público mais justo, humano e cidadão. Fazendo a nossa parte, também podemos ajudar a lembrar os motoristas de fazer a deles.
>
> Afinal, todas as pessoas têm direito a um trânsito seguro.

Quantas frases há em cada um desses blocos?

No primeiro bloco: _____

No segundo bloco: _____

Cada bloco de frases que forma um texto é chamado de **parágrafo**. A primeira linha de um parágrafo se inicia com um pequeno afastamento da margem esquerda.

Pratique e aprenda

1. Leia os itens abaixo e pinte o único quadro que contém uma frase.

motoristas respeitar faixa. a de devem Os

No trânsito todos devem respeitar as leis.

Fique segurança no trânsito. aos itens atento de

58 Cinquenta e oito

2. Ligue a coluna da esquerda à coluna da direita e forme frases que expressam uma ideia com sentido completo.

Trânsito é	foram criadas leis e regras, que são controladas pelos agentes de trânsito.
E, para um convívio social tranquilo e organizado,	o direito que todas as pessoas têm de ir e vir de um lugar ao outro com segurança.
E não é preciso ser um motorista para	também podemos ajudar a lembrar os motoristas de fazer a deles.
Fazendo a nossa parte,	conhecer e respeitar essas normas [...]

3. Observe os textos a seguir e marque um **X** no que está organizado em parágrafos.

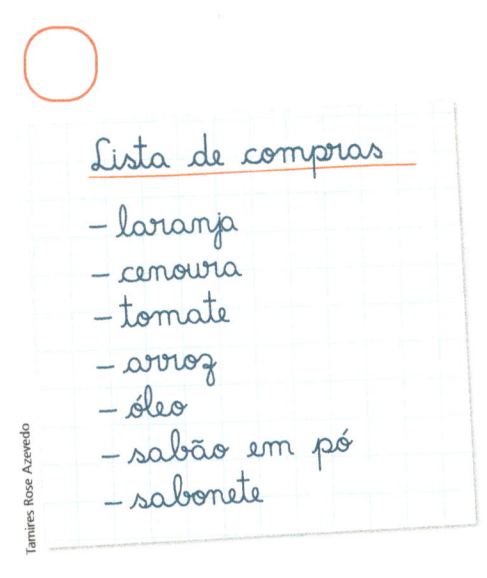

○

Lista de compras
- laranja
- cenoura
- tomate
- arroz
- óleo
- sabão em pó
- sabonete

Tamires Rose Azevedo

○

Músico toca violino em "lugares improváveis"

Que tal surfar ou subir uma montanha tocando violino? Essa é a vida do professor de música Nuno Santos. Com o instrumento sempre às costas, ele lançou o projeto Um Violino nos Lugares Mais Improváveis, em que leva suas músicas para o mar ou as alturas há dez anos.

O mestre já surfou nas ondas gigantes da Praia do Norte, em Portugal, e subiu as montanhas da África do Sul, sempre acompanha minha vida desde os 5 anos", diz.

Natural de Nazaré, vila turística portuguesa a 150 quilômetros de Lisboa, Nuno prefere tocar violino surfando a subir montanhas, pois a altitude exige preparo especial e adaptação. Apesar disso, o músico diz que o espaço é o limite. "Meu projeto para os próximos anos é tocar violino nas montanhas mais altas de todos os

Jornal Joca/Editora Magia de Ler

Músico toca violino em "lugares improváveis". *Jornal Joca*, São Paulo, Editora Magia de Ler, n. 103, out. 2017. p. 11.

Cinquenta e nove **59**

Por dentro do tema

Educação para o trânsito

Conselhos para a sua segurança

Existem leis que regularizam e auxiliam a circulação de veículos e pessoas, assim todos podem ir e vir com segurança e tranquilidade. Para que tudo funcione bem, precisamos cumprir a nossa parte como passageiros e pedestres, respeitando as leis e contribuindo com as normas apresentadas.

Entre os cuidados que devem ser tomados, está o de olhar para os dois lados antes de atravessar a rua e, sempre que possível, utilizar a faixa de pedestres.

a. Por que devemos respeitar e obedecer às leis ou normas de trânsito?

b. Que cuidados devemos ter ao atravessar uma rua?

Produção oral e escrita

Produzir e distribuir folhetos com dicas de segurança no trânsito

Vamos conhecer

Precisamos conhecer as regras de trânsito para nos deslocarmos com segurança pelas ruas.

Observe, no folheto a seguir, duas dicas que orientam e conscientizam as pessoas a ter cuidado no trânsito.

USE o CINTO de SEGURANÇA.

ATRAVESSE NA FAIXA DE PEDESTRE.

Tamires Rose Azevedo

Trocando ideias

1. Em sua opinião, é importante estarmos informados sobre os cuidados que devemos ter no trânsito? Por quê?

2. Que dicas de cuidados no trânsito você acredita que devam ser divulgadas para conscientizar tanto os adultos quanto as crianças?

Em duplas, a partir das dicas apresentadas, vocês vão elaborar folhetos para conscientizar as pessoas da escola sobre alguns cuidados que devemos ter no trânsito.

Planejem

- O professor vai sortear uma dica para cada dupla. Copiem-na em uma folha separada para começar a produção.
- Leiam a dica e pensem em um parágrafo, com uma ou duas frases, que alerte e conscientize as pessoas sobre as atitudes no trânsito. Vejam alguns exemplos abaixo.

> Sempre que entrar no carro, coloque o cinto de segurança!

> Verifique se o semáforo está vermelho para os carros e olhe para os dois lados antes de atravessar a rua.

> Ciclistas e motociclistas, usem equipamentos de proteção!

- Separem materiais para a criação do folheto, como canetas coloridas, tesoura com pontas arredondadas, cola etc.
- Pensem em uma imagem para ilustrar o folheto. Pode ser um desenho feito por vocês, recortes de jornais e revistas ou impressões da internet.

Escrevam

- Escrevam o texto em uma folha de rascunho.
- Prestem atenção à escrita das palavras com **ch**, **lh** e **nh**.
- Se necessário, usem sinônimos para evitar repetições.
- Utilizem palavras que indiquem conselho, aviso, como **cuidado**, **olhe** e **respeite**.

Revisem

Verifiquem se:
- o texto transmite um conselho;
- a imagem escolhida faz referência ao texto escrito.

Reescrevam

Passem o texto a limpo. Escrevam com uma letra que chame a atenção e que seja legível. Em seguida, coloquem os nomes de vocês e colem a imagem pesquisada ou façam o desenho que planejaram. Com a ajuda do professor, providenciem cópias do folheto para a distribuição.

Para fazer juntos!

Cada dupla vai entregar seus folhetos para a comunidade escolar. Durante a entrega, conversem com as pessoas, explicando que todos fazemos parte do trânsito, seja pedestre, motorista ou ciclista, e apontem os cuidados que devemos ter para evitar acidentes.

Avaliem

	Sim	Não
Escrevemos um texto curto com dicas de trânsito?		
A imagem faz referência à dica?		
Todos os alunos participaram da distribuição dos folhetos?		

Sessenta e três **63**

Ponto de chegada

1. Escreva um sinônimo para cada palavra a seguir.

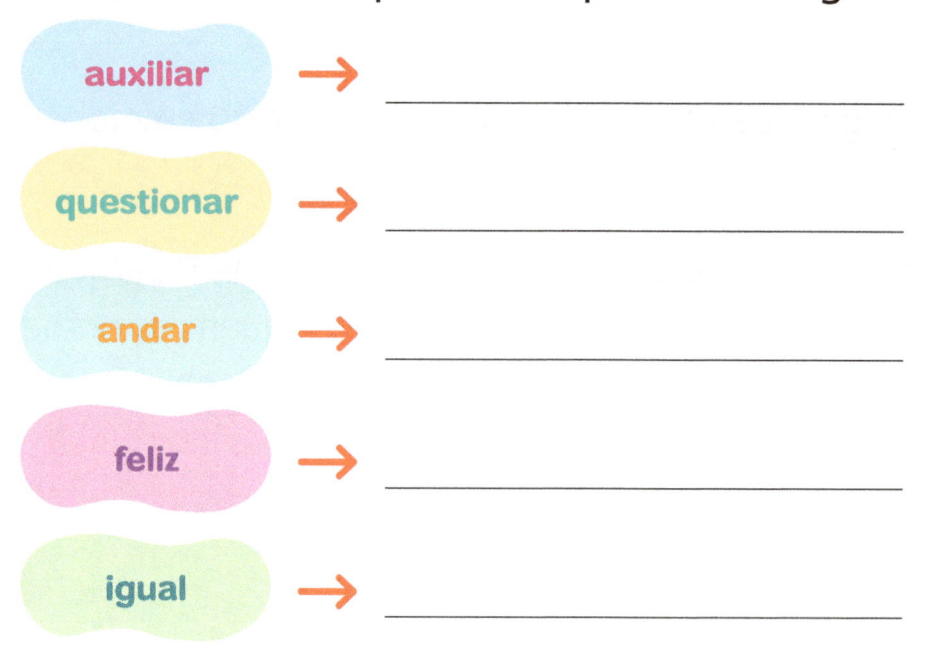

auxiliar → _____

questionar → _____

andar → _____

feliz → _____

igual → _____

2. Escreva o nome de cada uma das imagens abaixo.

_____   _____   _____

3. Complete os enunciados apresentados a seguir.

a. Uma palavra ou um conjunto de palavras organizadas, que expressa uma ideia com sentido, chama-se _____.

b. Cada bloco de frases que forma um texto é chamado de _____.

unidade 3
Curiosidade animal

Ponto de partida

1. Você já observou formigas carregando pedaços de plantas ou um animal? Comente com os colegas.

2. As formigas da imagem estão carregando pedaços de plantas maiores que elas. Você sabe como isso é possível?

3. Você conhece um fato interessante sobre algum animal? Compartilhe com seus colegas.

Sessenta e cinco 65

Lendo um texto de experimento científico

Minhocas são animais importantes para o meio ambiente. Muitos lugares costumam ter minhocários para a criação desses bichinhos. Como você acha que é um minhocário?

Leia o texto a seguir e aprenda como construir um minhocário e o que é possível observar em seu funcionamento.

https://fdepalavras.wordpress.com/2019/08/30/example-post/

Minhocário

Materiais

- garrafa PET 2L
- terra
- areia
- cascas de frutas e vegetais
- folhas secas
- papel preto
- minhocas
- água

Como fazer

1. Corte o gargalo da garrafa.
2. Encha o fundo do recipiente com uma camada de areia de aproximadamente 5 cm. Em seguida, coloque a terra, garantindo que fique fofa e bem remexida.

https://fdepalavras.wordpress.com/2019/08/30/example-post/

3. Umedeça a terra lentamente. Tome cuidado para não encharcar o minhocário.

4. Coloque as minhocas na superfície e espalhe as cascas de frutas e vegetais e as folhas secas.

5. Envolva o minhocário com o papel preto e coloque-o em um lugar fresco e escuro.

Observações

Após 15 dias, é possível observar os seguintes eventos no minhocário.

- As minhocas cavaram a terra para se deslocar, construindo túneis que permitem a entrada de ar e de água na terra.

- As minhocas comeram parte das cascas e das folhas em decomposição e excretaram um material granulado (húmus), rico em nutrientes, para ser usado como adubo.

- As camadas de areia e terra começaram a se misturar um pouco. Caso isso não tenha ocorrido, verifique a necessidade de umedecer um pouco mais o minhocário.

Minhocário, de Isabela V.S.B. *Fábrica de Palavras*, 30 ago. 2019. Disponível em: <https://fdepalavras.wordpress.com/2019/09/02/relato-de-observacao/>. Acesso em: 1º set. 2019.

decomposição: apodrecimento
excretaram: eliminaram as substâncias que estão em excesso no organismo
húmus: matéria orgânica resultante da decomposição de materiais produzida por minhocas

Estudando o texto

1. Minhocário é o que você havia imaginado? Comente com os colegas.

2. Em sua opinião, as instruções para a construção do minhocário são claras e de fácil compreensão? Comente.

_____
_____
_____
_____

3. Com base nas informações apresentadas no texto, o que é um minhocário e qual sua utilidade?

_____
_____
_____
_____
_____

4. Qual é o objetivo do texto de experimento científico que você leu?

◯ Relatar a história dos cientistas que inventaram o minhocário.

◯ Apresentar informações para a construção de um minhocário e relatar o que pode ser observado em seu funcionamento.

◯ Observar os hábitos alimentares das minhocas e como elas se desenvolvem no meio ambiente.

5. No texto, como são organizadas as instruções para a construção do minhocário?

_____

_____

6. Algumas imagens acompanham o texto. Com que objetivo elas foram utilizadas?

○ As imagens ilustram os materiais necessários para a construção do minhocário.

○ As imagens auxiliam o leitor na construção do minhocário, facilitando a compreensão do texto por meio da observação das ilustrações.

○ As imagens mostram qual espécie de minhoca é a mais indicada para ser usada em um minhocário.

7. Relacione as etapas do texto lido com suas respectivas funções.

A Título ○ Apresentar os resultados da observação do minhocário e sugerir ajustes, caso necessário.

B Materiais ○ Explicar o passo a passo para construir o minhocário.

C Como fazer ○ Listar os itens necessários para a construção e a manutenção do minhocário.

D Observações ○ Especificar o que será ensinado e observado no texto.

Sessenta e nove **69**

8. Releia o trecho a seguir e observe as palavras em destaque.

> 4. **Coloque** as minhocas na superfície e **espalhe** as cascas de frutas e vegetais e as folhas secas.

a. Com que objetivo essas palavras foram utilizadas?

_____

_____

b. O que o uso dessas palavras sugere no texto?

◯ Um evento passado e finalizado.

◯ Um acontecimento duvidoso.

◯ Uma orientação ou instrução.

9. O texto de experimento científico lido foi originalmente publicado em um *site*. Onde mais podemos encontrar textos como esse?

_____

_____

10. Quem são os possíveis leitores desse texto de experimento científico?

◯ Somente cientistas e profissionais da área que estudam os hábitos das minhocas.

◯ Pessoas curiosas e interessadas em fazer um minhocário ou em conhecer seu funcionamento.

Palavras: significados e usos

Antônimos

1. Observe uma característica de cada animal a seguir.

pequena

grande

As palavras **pequena** e **grande** apresentam sentidos:

◯ contrários entre si.   ◯ semelhantes entre si.

2. Para cada uma destas palavras, escreva outra palavra que apresenta sentido contrário.

perdeu _____   depressa _____

partida _____   distante _____

apareceu _____   dormiu _____

As palavras que têm sentidos contrários entre si são chamadas de **antônimos**.

Pratique e aprenda

1. Complete as frases a seguir com o antônimo das palavras em destaque.

A As minhocas preferem o solo **úmido**. Elas não gostam quando o solo está _____.

B O corpo das minhocas não é **duro**, pois não tem esqueleto, o que dá a elas um aspecto _____.

C As minhocas não costumam viver em lugares muito **quentes** ou muito _____.

D As minhocas podem cavar buracos **longe** da superfície, mas também podem cavar buracos _____ da superfície.

E As minhocas ficam enterradas durante o **dia** e costumam sair da terra à _____.

2. Leia as palavras do quadro abaixo com atenção.

> abandonado   salgado   lento
> vagaroso   lagrimar
> desacompanhado   lacrimejar   azedo

Agora, responda às questões a seguir.

a. Quais palavras são antônimas de **doce**?

_____

b. Quais palavras são sinônimas de **chorar**?

_____

c. Quais palavras são sinônimas de **sozinho**?

_____

d. Quais palavras são antônimas de **rápido**?

_____

3. Observe as imagens e pense nas características desses animais. Depois, escreva nos quadros um par de antônimos adequado.

leão	cachorro
_____	_____
_____	_____

- Escreva uma frase utilizando esses antônimos.

_____

_____

Comparando textos

Leia a notícia a seguir e descubra como as minhocas podem ajudar na qualidade do solo.

<http://g1.globo.com/sao-paulo/sorocaba-jundiai/...>

Minhocas são aliadas na hora de manter qualidade do solo

Criadores de minhocas vendem húmus para agricultores que buscam aumentar a produção.

Donizete Casagrande tem orgulho de colher verduras que dão gosto de ver. Por dia, são em média 3 mil pés de alface. Um dos segredos para conseguir manter a qualidade sempre em alta está na terra. A adubação natural é feita desde a montagem dos canteiros.

O produtor diz que não utiliza veneno e que investe em húmus, o que faz com que a alface cresça mais rápido, além de não endurecer. O adubo que vai para a horta vem de minhocários.

A matéria orgânica é formada por sobras de alimentos e esterco.

74 Setenta e quatro

<http://g1.globo.com/sao-paulo/sorocaba-jundiai/...>

Walter Schinelo é um dos maiores criadores de minhocas da região de São José do Rio Preto (SP).

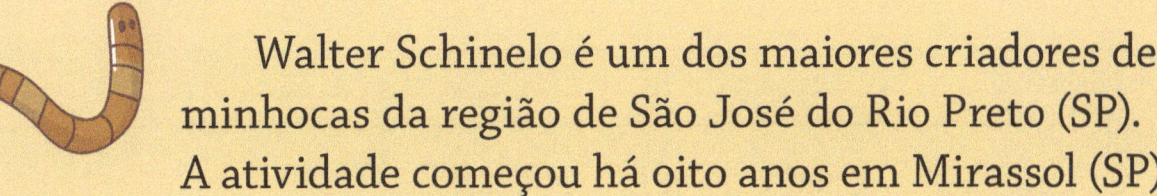

A atividade começou há oito anos em Mirassol (SP) meio que por acaso. A família dele tinha um pesqueiro e os fregueses começaram a pedir minhoca para pescar tilápia, pacu e piau. Foi a partir daí que ele montou um canteiro. Com o tempo, começou a vender o excedente de minhocas para uma casa de isca e, de lá para cá, o negócio só cresceu.

A matéria orgânica – que é a mistura de sobras de alimentos e esterco – fica espalhada pelo barracão e serve de comida para as minhocas, que fazem uma espécie de reciclagem dos resíduos. O resultado é o húmus, que nada mais é do que o "cocô" da minhoca, um produto importante para a agricultura. Por semana, 20 toneladas de húmus são produzidas e tudo tem venda garantida.

No município de Neves Paulista (SP), Thiago Toschi passou a usar o húmus há dois anos. Antes, a adubação era feita com esterco de vaca. O que muitos agricultores já sabem, o agrônomo Andrey Vetorelli Borges confirma: usar o húmus como fertilizante **faz uma grande diferença**.

Andrey conta que o material é rico em nutrientes e melhora as qualidades do solo, retendo água e diminuindo a compactação. E, com a nutrição adequada, o ataque de pragas também diminui.

Minhocas são aliadas na hora de manter qualidade do solo. *G1*, 11 set. 2016. Disponível em: <http://g1.globo.com/sao-paulo/sorocaba-jundiai/nosso-campo/noticia/2016/09/minhocas-sao-aliadas-na-hora-de-manter-qualidade-do-solo.html>. Acesso em: 20 ago. 2019.

1. Responda às questões a seguir.

    a. Sobre o que a notícia trata?

    _____

    _____

    b. Quem está envolvido no fato noticiado?

    _____

    _____

    c. Onde o fato noticiado aconteceu?

    _____

    _____

    d. Quando aconteceu?

    _____

    _____

2. Segundo a notícia, quais são as vantagens de usar húmus nas plantações?

    ◯ Diminuição no uso de veneno.

    ◯ Inutilização de veneno.

    ◯ Crescimento acelerado da planta.

    ◯ Endurecimento da alface.

3. Que quantidade de húmus é produzida pelo minhocário de Walter Schinelo?

    _____

4. O que é feito com essa produção?

    _____

5. A **notícia** é um gênero textual que tem como objetivo apresentar:

○ um acontecimento fictício, ou seja, inventado.

○ um acontecimento real.

6. Qual é a importância da foto e da legenda na notícia?
_____
_____

7. Releia o trecho a seguir.

> Walter Schinelo é um dos maiores criadores de minhocas da região de São José do Rio Preto (SP). A atividade começou há oito anos em Mirassol (SP) meio que por acaso. A família **dele** tinha um pesqueiro e os fregueses começaram a pedir minhoca para pescar tilápia, pacu e piau.

A palavra em destaque nesse trecho retoma qual termo?

○ Walter Schinelo.   ○ São José do Rio Preto.

○ Família.   ○ Atividade.

8. Marque um **X** na alternativa correta a respeito do texto de experimento científico e da notícia desta unidade.

○ Ambos noticiam fatos interessantes envolvendo minhocas.

○ Os dois textos ensinam como construir um minhocário e produzir húmus.

○ Ambos tratam de minhocas, mas um ensina a construir um minhocário, enquanto o outro noticia um fato.

Estudando a língua

Sílaba tônica

1. Pronuncie em voz alta a palavra abaixo.

minhoca

Você pronunciou todas as sílabas dessa palavra com a mesma intensidade ou alguma delas se destacou?

Em uma palavra, a sílaba pronunciada com mais intensidade é chamada de **sílaba tônica**.

2. Leia, em voz alta, mais algumas palavras.

jabuti   macaco   búfalo

a. Agora, circule a sílaba tônica de cada uma dessas palavras.

b. Qual é a posição da sílaba tônica em cada uma das palavras acima?

_____

_____

As palavras podem ser classificadas de acordo com a posição de sua sílaba tônica. Veja.

- **Oxítonas**: quando a sílaba tônica é a última, como em **jabuti**.
- **Paroxítonas**: quando a sílaba tônica é a penúltima, como em **macaco**.
- **Proparoxítonas**: quando a sílaba tônica é a antepenúltima, como em **búfalo**.

Pratique e aprenda

1. Pinte, em cada uma das palavras a seguir, a sílaba tônica.

| pás | sa | ro |

| la | gar | to |

| sa | bi | á |

a. Quantas sílabas você pintou em cada palavra?

◯ Uma.   ◯ Duas.   ◯ Todas.

b. Alguma palavra ficou sem quadrinho pintado, isto é, não tem sílaba tônica?

◯ Sim.   ◯ Não.

2. Complete o diagrama com o nome das imagens, colocando uma sílaba em cada quadrinho.

• Agora, pinte o quadrinho com a sílaba tônica de cada palavra formada.

Setenta e nove **79**

3. Escreva o nome de cada uma das imagens abaixo, separando-o em sílabas.

_____   _____   _____

_____   _____   _____

- Escreva essas palavras no quadro de acordo com a classificação de cada uma delas.

Oxítona	Paroxítona	Proparoxítona

4. Circule a palavra que não pertence à classificação indicada em cada um dos grupos abaixo.

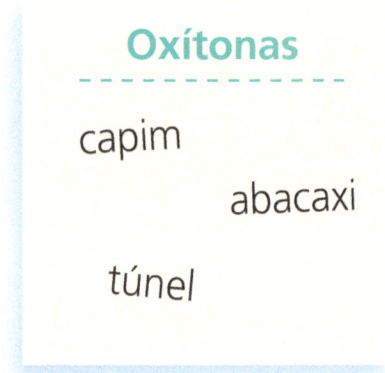

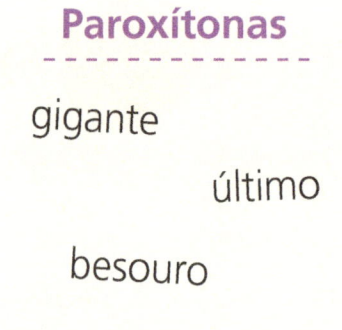

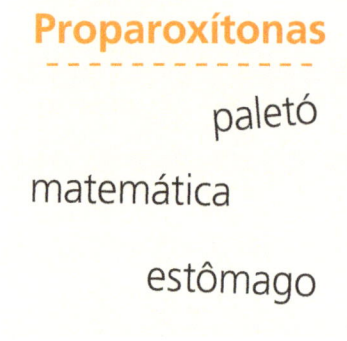

Oxítonas
capim
abacaxi
túnel

Paroxítonas
gigante
último
besouro

Proparoxítonas
paletó
matemática
estômago

80 Oitenta

Lendo um texto de divulgação científica

Leia o texto a seguir e conheça quais são os animais mais rápidos e os mais lentos.

Os mais rápidos e os mais lentos

Voando embaixo da água

[...] O corpo do peixe-vela é um dos mais aerodinâmicos dentre todos os nadadores. Seu corpo longo e delgado é cheio de músculos que lhe permitem alcançar uma velocidade de 109 quilômetros por hora. Isso o torna ainda mais veloz que o mais rápido dos animais terrestres, o guepardo.

[...]

O peixe-vela ganhou este nome por suas barbatanas dorsais, que o tornam muito ágil.

Rei da velocidade

Falcões-peregrinos não são somente os mais velozes dos animais voadores; são os mais velozes de todos os animais. Quando dão voos rasantes caçando aves menores, seu mergulho pode alcançar 200 quilômetros por hora, ou mais!

[...]

Falcões-peregrinos são aves de rapina, ou aves de caça. Eles possuem boa visão e talões afiados (garras), que são usados para agarrar outras aves, as quais que lhes servirão de alimento.

aerodinâmicos: com formas apropriadas para se deslocar com mais facilidade

Velocistas

Os guepardos são os reis da velocidade nas savanas africanas. Quando uma fêmea precisa encontrar alimento para si e para seus filhotes, precisa ser rápida e destemida para agarrar uma presa. Um guepardo pode alcançar a velocidade recorde de mais de 96 quilômetros por hora em apenas 3 segundos.

[...]

Os guepardos conseguem correr em alta velocidade por cerca de 1 minuto. Seu corpo fica tão quente quando correm que morreriam se mantivessem o ritmo.

As lentas preguiças

As preguiças dificilmente deixam suas casas no alto das árvores. Elas ficam penduradas de cabeça para baixo e dormem a maior parte do dia. Uma vez por semana, elas descem vagarosamente até o solo para defecar em seu lugar predileto. Elas demoram 1 minuto para avançar apenas três metros.

[...]

A sonolenta preguiça-de-três-dedos come folhas e gravetos, alimentos pobres em energia.

defecar: eliminar resíduos sólidos (fezes) ao final do processo de digestão
recorde: desempenho que supera os anteriores
savanas africanas: campos localizados na África, com vegetação baixa
velocistas: que correm em alta velocidade

Devagar e sempre

Os jabutis são famosos por sua lentidão. Seu casco é tão pesado que não conseguem dar passos longos ou rápidos. Felizmente, não precisam ser velozes! Eles se alimentam de plantas e se escondem no interior da carapaça para se proteger, evitando assim os predadores.

O jabuti leva 1 minuto para andar apenas 3 metros.

Os mais rápidos e os mais lentos, de Camilla de la Bédoyère. Tradução de Luciana Spedine. São Paulo: Ciranda Cultural, 2010. p. 11, 13, 16, 19, 25.

O livro *Os mais rápidos e os mais lentos*, do qual foi retirado o texto que você leu, traz várias curiosidades sobre o mundo animal, como qual animal cresce mais rápido ou qual cresce mais devagar. Esse livro foi escrito por Camilla de la Bédoyère, uma autora inglesa que escreve livros para crianças e adultos, com temas voltados, principalmente, para a natureza.

Capa do livro *Os mais rápidos e os mais lentos*, de Camilla de la Bédoyère.

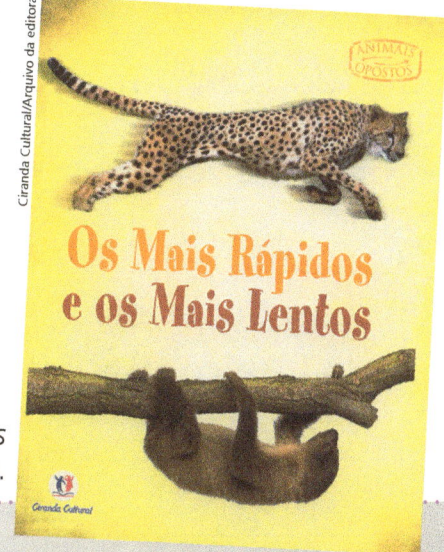

Estudando o texto

1. Qual é o tema desse texto?

2. Você já conhecia algum dos animais citados no texto? Comente com os colegas.

3. Das informações apresentadas no texto, qual você achou mais interessante? Por quê?

4. Complete o quadro a seguir com as informações do texto a respeito dos animais mais rápidos e a velocidade deles.

	Mais rápido	Velocidade
Terra		
Água		
Ar		

5. De acordo com o texto, por que o jabuti é lento?

_____
_____

6. A lentidão do jabuti o prejudica na obtenção de alimentos ou na defesa contra predadores? Justifique sua resposta.

_____
_____
_____

7. Em sua opinião, o uso de imagens em textos como esse é importante? Por quê?

_____

_____

8. No texto *Os mais rápidos e os mais lentos*, há pequenas frases chamadas **legendas**, que ficam próximo de cada imagem. Reveja um exemplo.

O jabuti leva 1 minuto para andar apenas 3 metros.

Qual é a função da legenda?

( ) Explicar a imagem ou acrescentar informações sobre ela.

( ) Dar uma opinião sobre a qualidade da imagem apresentada.

9. Releia um trecho do texto.

Uma vez por semana, elas descem **vagarosamente** até o solo para defecar em seu lugar predileto.

Marque um **X** na alternativa que apresenta um sinônimo da palavra em destaque nesse trecho.

( ) Rapidamente.   ( ) Lentamente.   ( ) Apressadamente.

Oitenta e cinco **85**

10. O texto que você leu é um texto de divulgação científica. Marque um **X** na alternativa que explica o objetivo dele.

○ Ensinar ao leitor alguns cuidados que é preciso ter com animais.

○ Narrar uma história fictícia sobre animais velozes e lentos.

○ Apresentar informações científicas sobre animais velozes e lentos.

11. Em que suporte esse texto foi publicado? Pinte de amarelo o elemento correto.

Ilustrações: Somma Studio

12. Qual é o público-alvo desse texto, ou seja, quem são os possíveis leitores?

○ Somente cientistas que estudam animais.

○ Pessoas interessadas em curiosidades sobre animais.

Estudando a língua

Acentos agudo e circunflexo

1. Leia as palavras abaixo.

> músculos   paciência   rápidos

a. Circule a sílaba que tem acento em cada uma delas.

b. Você circulou:

○ as sílabas tônicas.

○ as sílabas que não são tônicas.

Em algumas palavras da nossa língua, utilizamos sinais de acentuação na sílaba tônica.

O **acento agudo** é usado nas vogais **a, e, i, o e u**. Exemplos: p**á**ssaro, jacar**é**, ant**í**lope, hipop**ó**tamo, b**ú**falo.

O **acento circunflexo** é usado nas vogais **a, e e o**. Exemplos: p**â**ntano, l**ê**mure, p**ô**nei. Nas vogais **e** e **o**, indica som semifechado.

Pratique e aprenda

1. Acentue as palavras abaixo utilizando acento agudo ou acento circunflexo.

> otimo • mes • facil • arvore • fantastico
> espetaculo • onibus • cafe • umido • pessego

Acentuação de palavras monossílabas e oxítonas

1. Escreva o nome de cada uma das imagens abaixo.

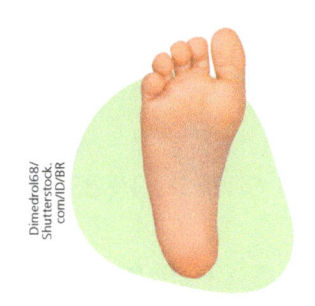

_____   _____   _____

_____   _____   _____

a. Marque um **X** na alternativa que apresenta a classificação correta dessas palavras em relação ao número de sílabas.

◯ Monossílabas.   ◯ Dissílabas.

◯ Trissílabas.   ◯ Polissílabas.

b. Todas as palavras que você escreveu são acentuadas?

◯ Sim.   ◯ Não.

c. Escreva, nos quadrinhos a seguir, a última letra de cada palavra que recebeu acento.

◯   ◯   ◯

As palavras monossílabas tônicas terminadas em **a(s)**, **e(s)** e **o(s)** devem ser acentuadas graficamente.

88 Oitenta e oito

2. Escreva o nome de cada uma das imagens abaixo.

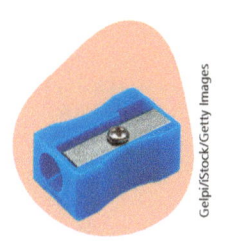

_____   _____   _____

_____   _____   _____

a. Marque um **X** na alternativa que apresenta a classificação correta dessas palavras em relação à posição da sílaba tônica.

◯ Oxítonas.   ◯ Paroxítonas.   ◯ Proparoxítonas.

b. Todas as palavras que você escreveu são acentuadas?

◯ Sim.   ◯ Não.

c. Escreva, nos quadrinhos a seguir, a última letra de cada palavra que recebeu acento.

◯ ◯ ◯

As palavras oxítonas terminadas em **a(s)**, **e(s)** e **o(s)** devem ser acentuadas graficamente.

Pratique e aprenda

1. O professor vai ditar palavras monossílabas tônicas e oxítonas. Escreva-as no caderno e acentue-as quando for necessário.

Oitenta e nove **89**

Produção oral e escrita

Realizar experimento e produzir um relato de observação

Você e os colegas vão realizar um experimento e registrar por escrito as observações que fizerem durante o processo. Em seguida, vão apresentá-las oralmente para os outros colegas da turma.

Planejem

Primeiro, reúnam-se em grupos e planejem o desenvolvimento do experimento, de acordo com as orientações a seguir.

- Pesquisem o experimento que vocês vão realizar. Vejam abaixo algumas sugestões.

Se regarmos várias vezes uma semente, ela germina mais rápido?	A luz de uma lanterna é capaz de atravessar todos os tipos de objeto?
O olfato influencia no sabor dos alimentos?	Como funciona uma estufa?
Como fazer ovos flutuantes?	Como podemos usar o Sol para nos localizar?

- Providenciem os materiais necessários para o experimento.

Aprenda mais!

Para a pesquisa do experimento, vocês podem consultar o livro *Grandes ideias para pequenos cientistas*, que traz 365 experimentos ilustrados.

Grandes ideias para pequenos cientistas: 365 experiências. Barueri: Usborne, 2015.

Com muita ciência e diversão, o livro *Minhas primeiras experiências* ensina vários experimentos, por exemplo, como fazer um ovo pular.

Minhas primeiras experiências: transforme-se em um pequeno grande cientista. São Paulo: Girassol, 2019.

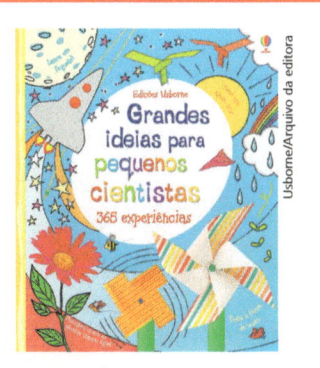

Realizem

Sigam as instruções do experimento que vocês selecionaram, observem as etapas, fazendo anotações, e, por fim, produzam um relato apresentando as conclusões.

Vamos tentar

Se alguma etapa do experimento falhar, tentem fazê-la de outra maneira.

Durante o experimento, vocês podem utilizar uma tabela para fazer as anotações, organizando as observações de cada etapa. Vejam o exemplo abaixo.

O que aconteceu em nosso experimento?			
Etapa 1			
Etapa 2			
Etapa 3			
Resultado final			

- Fotografem as etapas para mostrar cada uma delas durante a apresentação.

Noventa e um **91**

Escrevam

Após finalizar o experimento, você e seus colegas deverão escrever o relato de observação. Veja algumas orientações para isso.

- Retomem as informações anotadas na tabela.
- Descrevam cada etapa do experimento detalhadamente.
- Pensem em desenhos ou fotografias para ilustrar essas etapas.

Revisem

Releiam o texto produzido e, com a ajuda do professor, verifiquem se algo precisa ser ajustado.

- Vejam se todas as etapas foram descritas.
- Avaliem se as palavras e a pontuação foram empregadas adequadamente.
- Utilizem sinônimos para evitar repetições de palavras.

Reescrevam

Após as adequações no texto, reescrevam-no em uma folha de papel, com letra legível, e insiram as imagens.

Apresentem

Dividam a apresentação do relato entre os integrantes do grupo. Por exemplo, um aluno pode iniciar a apresentação dizendo qual foi o experimento realizado e citar os materiais utilizados. Outro pode descrever as etapas do experimento. E o último integrante pode apresentar o relato com as conclusões.

No momento da apresentação, posicionem-se à frente da turma e expliquem o que aconteceu em cada etapa do experimento.

Pronunciem as palavras com clareza, utilizando um tom de voz adequado, para que todos possam ouvi-los. Durante a apresentação, um integrante pode ficar responsável por mostrar as imagens aos colegas.

Quando os outros grupos estiverem apresentando o experimento e o relato deles, façam silêncio e prestem atenção. Ao final de cada apresentação, vocês podem fazer perguntas e esclarecer possíveis dúvidas.

Avaliem

	Sim	Não
Todos os integrantes ajudaram na realização do experimento?		
Registramos por escrito o relato de observação do experimento?		
Apresentamos com clareza nosso relato de observação aos colegas?		

Ponto de chegada

1. As palavras que possuem sentidos contrários entre si são chamadas de **antônimos**.

   Escreva um par de palavras antônimas entre si.

   ⬭ ⬭

2. Em uma palavra, a sílaba pronunciada com mais intensidade é chamada de **sílaba tônica**.

   Escreva uma palavra para cada um dos itens a seguir.

   a. Oxítona: _____

   b. Paroxítona: _____

   c. Proparoxítona: _____

3. O **acento agudo** é usado nas vogais **a**, **e**, **i**, **o** e **u**. O **acento circunflexo** é usado nas vogais **a**, **e** e **o**.

   Escreva uma palavra com acento agudo e uma palavra com acento circunflexo.

   ⬭ ⬭

4. As palavras monossílabas tônicas terminadas em **a(s)**, **e(s)** e **o(s)** e as palavras oxítonas terminadas em **a(s)**, **e(s)** e **o(s)** devem ser acentuadas graficamente.

   Escreva uma palavra monossílaba acentuada e uma oxítona acentuada.

   ⬭ ⬭

94 Noventa e quatro

unidade 4
Cartas para você

Escrevendo uma carta, de William Hemsley. Óleo sobre painel, 16 cm × 20 cm. Século 19.

Ponto de partida

1. O que esta imagem está retratando?
2. O que você sente ao observar esta imagem?
3. Por quais motivos as pessoas escrevem e enviam cartas?

Lendo uma carta pessoal

Veja a seguir a reprodução de uma carta. Quem será que a escreveu? Para quem? Qual será o assunto? Leia-a e descubra!

Teresina, 15 de março 2019.

Querida vó Nice,

Gostei muito de receber sua carta. Descobri que escrever cartas é muito divertido!

Como a senhora está? Eu estou bem. Passei para o 3º ano e estou gostando muito da escola nova. Já fiz muitos amigos e minha professora é bem legal. A escola é pertinho de casa, dá para ir a pé sem nem suar.

Comecei a treinar futebol. Jogo de segunda e quarta. O Maurício está jogando muito bem! Eu ainda sou meio atrapalhado, mas estou melhorando. A Duda quis ficar na natação mesmo. Minha mãe fala que ela nada como um peixe!

Meu pai tá dizendo assim: "A senhora está se cuidando, dona Eunice? Caminhando, comendo bem, descansando? Não queremos ver a senhora doente, hein!" Ele manda um beijo e diz que a senhora é a melhor sogra que ele tem (risos)! Minha mãe manda dizer que em breve vamos visitar a senhora aí em Fortaleza. Quem sabe nas próximas férias...

Estamos morrendo de saudades da senhora e do vô Paulo.

Um beijo grande, vó
Seu neto, Rodrigo.

Estudando o texto

1. Pinte o tipo de assunto da carta apresentada na página anterior.

> Familiar

> Comercial

> Profissional

2. Complete cada item a seguir com as informações da carta.

a. O remetente da carta, isto é, a pessoa que a escreveu, se chama _____.

b. A carta foi escrita para a avó dele, que se chama _____ e é a destinatária dessa correspondência.

c. Rodrigo mora em _____ e escreveu a carta no dia _____.

d. O destino da carta é a cidade de _____.

e. O remetente inicia a carta com a saudação "_____", e a finaliza com a despedida "_____".

3. Qual é a idade aproximada do remetente da carta? Como você chegou a essa conclusão?

_____
_____
_____

Noventa e sete **97**

4. Quem você imagina que sejam Maurício e Duda?

_____

_____

5. Marque um **X** na alternativa correta.

◯ A vó Nice é mãe da mãe de Rodrigo.

◯ A vó Nice é mãe do pai de Rodrigo.

6. Releia um trecho da carta de Rodrigo e responda às questões.

> Eu ainda sou meio atrapalhado, mas estou melhorando. A Duda quis ficar na natação mesmo. Minha mãe fala que ela nada como um peixe!

a. Que palavra Rodrigo usou para substituir o termo **Duda** na última frase desse trecho?

_____

b. Por que ele usou essa palavra?

◯ Provavelmente porque esqueceu o nome de Duda.

◯ Para evitar repetir o nome de Duda.

c. Duda é o provável apelido de qual nome?

_____

d. Em sua opinião, por que Rodrigo a chama assim?

_____

_____

_____

e. Que outra pessoa mencionada na carta tem apelido?

_____

_____

7. No início da carta, Rodrigo pergunta: "Como a senhora está?". Em sua opinião, por que ele usa o termo **senhora** para se dirigir à avó?

_____

_____

_____

8. Como é a linguagem que Rodrigo utiliza na carta?

◯ Bastante descontraída, informal.

◯ Não é descontraída; é séria, formal.

◯ Em alguns momentos é mais descontraída (informal) e, em outros, é mais séria (formal).

9. Em sua opinião, por que Rodrigo fez uso dessa forma de linguagem em sua carta? Troque ideias com os colegas e com o professor sobre essa questão.

Aprenda mais!

No livro *O carteiro chegou*, Janet e Allan Ahlberg contam a alegria dos personagens dos contos de fadas ao receber uma correspondência. Com uma edição que vem acompanhada de cartas e envelopes, essa leitura é envolvente e cheia de humor e sensibilidade.

O carteiro chegou, de Janet e Allan Ahlberg. Tradução de Eduardo Brandão. São Paulo: Companhia das Letrinhas, 2007.

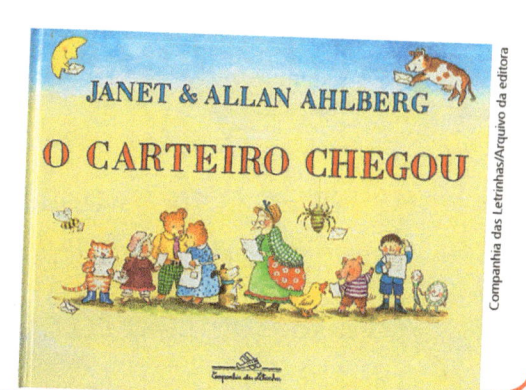

Palavras: significados e usos

Polissemia

1. Leia a história em quadrinhos a seguir.

Lola e Juju, de Laerte. *Folha de S.Paulo*, São Paulo, 29 jun. 2013. Folhinha. p. 8.

a. De que Lola e Juju estão brincando?

_____

b. Pinte o profissional que realiza apresentações como a brincadeira de Lola e Juju com as cartas.

c. As cartas com as quais Lola e Juju estão brincando são do mesmo tipo da carta de Rodrigo para sua avó?

d. A carta que Lola colocou na caixa do correio vai chegar até Juju? Por quê?

2. Leia o verbete de dicionário a seguir.

> **car.ta** *subst. fem.* **1.** Comunicação manuscrita ou impressa, endereçada a uma ou várias pessoas; missiva, epístola. **2.** Diploma (1). **3.** Cardápio. **4.** Constituição (3). **5.** Cada uma das peças do jogo de baralho. **6.** Carta geográfica. [...]

Aurélio Júnior: dicionário escolar da língua portuguesa, de Aurélio Buarque de Holanda Ferreira. 2. ed. Ilustrações de Axel Sande. Curitiba: Positivo, 2011. p. 187.

a. Qual dos sentidos acima define a carta que Rodrigo escreveu para sua avó? ◯

b. E qual dos sentidos define as cartas com que Lola e Juju estavam brincando? ◯

c. Qual dos sentidos do verbete define um objeto no qual é possível encontrar os pratos de um restaurante? ◯

3. Leia as frases a seguir.

> Rodrigo escreveu uma **carta** para sua avó.
> Juju pediu a Lola que escolhesse uma **carta**.

A palavra **carta**, nessas frases, é escrita e falada da mesma forma:

◯ mas tem sentidos diferentes em cada frase.

◯ e tem o mesmo sentido nas duas frases.

Uma palavra pode ter mais de um sentido. A capacidade de uma palavra ter vários sentidos recebe o nome de **polissemia**.

Comparando textos

Leia a seguir outro tipo de carta.

Carta dos leitores

Somos da Escola Estadual Alfredo Paulino e gostaríamos de parabenizá-los pelo brilhante trabalho que vocês realizam com o jornal *Joca*.

Aproveitamos para informá-los do trabalho feito em nossa escola, o *Jornal Alfredinho*. Tudo começou em 2017, quando a nossa escola recebeu o apoio dos Parceiros da Educação para produzir um jornal. Pesquisamos sobre o que era uma notícia, uma reportagem, o *lead* da notícia...

Todos os alunos dos 4ºˢ anos se envolveram para a edição do primeiro jornal. O resultado ficou muito legal, e não víamos a hora de produzir o próximo.

Nesse processo, o *Joca* nos ajudou muito. As professoras nos mostram o que é manchete, subtítulo, reportagem, entre outros. Assim, as aulas interdisciplinares de língua portuguesa e matemática ficam muito melhores, e podemos nos aprofundar na produção do nosso jornal. Estamos adorando esse projeto e o jornal de vocês.

Alunos dos 4ºˢ anos A e B da Escola Estadual Alfredo Paulino (SP)

Carta dos leitores. *Jornal Joca*, São Paulo, Magia de Ler, n. 120, set./out. 2018. p. 12. Disponível em: <https://jornaljoca.com.br/portal/wp-content/uploads/2018/09/Joca_120_baixa.pdf>. Acesso em: 21 out. 2019.

1. Sobre o que essa carta está tratando?

2. Essa carta foi publicada em um jornal, nas versões digital e impressa. Onde mais é possível encontrar cartas como essa?

_____

_____

3. Complete o quadro a seguir de acordo com as informações da carta.

Remetente	
Destinatário	

4. Com que intenção os alunos enviaram essa carta para o *Jornal Joca*?

_____

_____

_____

5. Releia o trecho a seguir.

> Somos da Escola Estadual Alfredo Paulino e gostaríamos de parabenizá-los pelo **brilhante** trabalho que vocês realizam com o jornal *Joca*.

a. Que palavra poderia ser utilizada no lugar de **brilhante**, sem alterar o significado do texto?

_____

Cento e três **103**

b. A palavra **brilhante** é um adjetivo. Com que objetivo os alunos a usaram na carta?

_____

_____

_____

6. Marque um **X** na alternativa correta a respeito da carta lida na página **96** e da carta lida nesta seção.

◯ Ambas são cartas pessoais, ou seja, o destinatário e o remetente são pessoas próximas, que tratam de assuntos pessoais.

◯ Ambas são cartas de leitor, ou seja, o remetente é o leitor de determinado meio de comunicação e envia a carta para comentar, elogiar ou criticar uma publicação.

◯ A carta de Rodrigo é pessoal, pois escreve para a avó e trata de assuntos pessoais. Já a carta lida nesta seção é uma carta de leitor, pois os remetentes são leitores do *Jornal Joca*.

7. Pense em um jornal, *site* ou revista que você costuma ler. Escreva uma carta de leitor expressando sua opinião a respeito do que é publicado nesse veículo de comunicação. Siga a estrutura abaixo.

- Saudação e identificação do remetente
- Assunto e opinião
- Assinatura

104 Cento e quatro

Estudando a língua

Separação de palavras em sílabas

1. Releia um trecho da carta de Rodrigo.

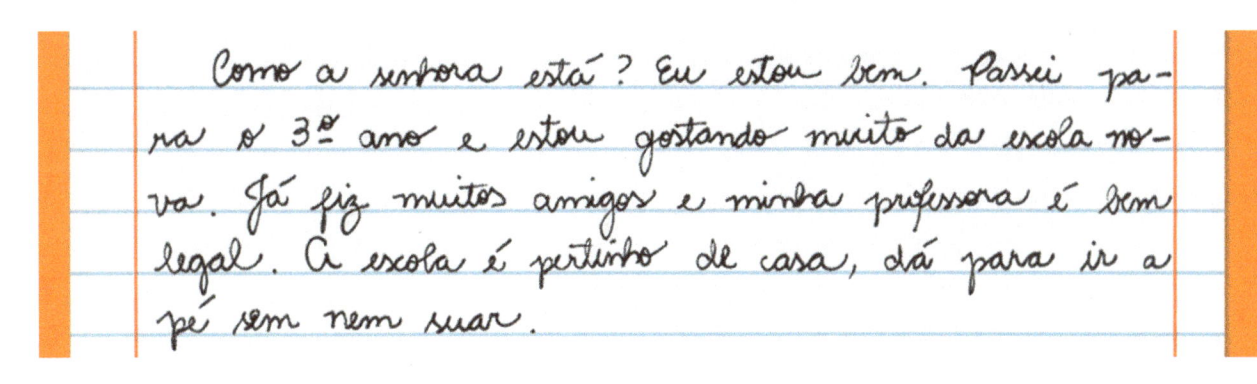

> Como a senhora está? Eu estou bem. Passei pa-
> ra o 3º ano e estou gostando muito da escola no-
> va. Já fiz muitos amigos e minha professora é bem
> legal. A escola é pertinho de casa, dá para ir a
> pé sem nem suar.

a. Identifique as palavras que foram separadas em sílabas e circule-as.

b. Por que essas palavras foram escritas dessa forma?

_____
_____
_____
_____

c. Que sinal foi usado para separar essas palavras em sílabas? Marque um **X** na alternativa correta.

◯ Hífen -   ◯ Vírgula ,   ◯ Barra /

Quando escrevemos um texto e chegamos ao final da linha sem terminar uma palavra, devemos continuá-la na próxima linha. Para isso, é necessário utilizar a **separação silábica**.

Usamos o sinal **hífen** para indicar essa separação.

Cento e cinco **105**

2. Leia os bilhetes abaixo e observe a escrita da palavra **bicicleta** em cada um deles.

Nicole,
Buscamos sua bi-
cicleta amanhã.
Ela ainda está
no conserto.
　　　　Mamãe

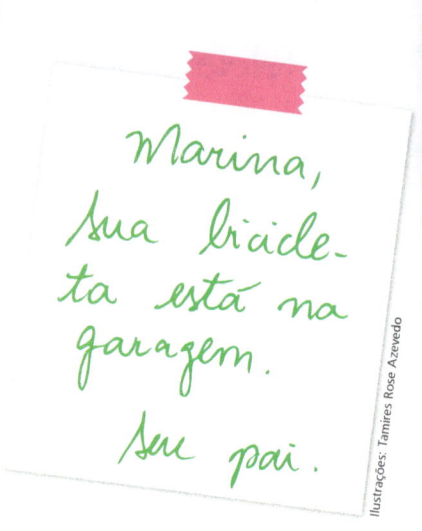

Pedro,
Ganhei uma bici-
cleta de presente.
Vamos pedalar no
fim de semana?
　　　　Felipe

Marina,
sua bicicle-
ta está na
garagem.
　　　Seu pai.

Ilustrações: Tamires Rose Azevedo

a. Ao observar a escrita da palavra **bicicleta** nos bilhetes, podemos concluir que:

○ a mesma palavra pode ser separada apenas de uma forma.

○ a mesma palavra pode ser separada de mais de uma forma.

b. Divida as palavras a seguir de todas as formas possíveis.

xícara	elefante	computador

3. O professor vai ditar um parágrafo. Escreva-o no caderno.

• Você precisou separar algumas palavras em sílabas? Por quê?

106 Cento e seis

Por dentro do tema

Vida familiar e social

Trocando cartas e criando laços

A troca de cartas é divertida e também contribui para melhorar a escrita. Há projetos para cultivar esse hábito e, dessa forma, auxiliar no desenvolvimento de ideias e amizades.

Os alunos de algumas escolas do interior do estado de São Paulo desenvolveram essa ideia e promoveram a escrita e a troca de cartas.

O resultado dessa experiência foi muito positivo, pois, além de estimular a leitura e a escrita, essa prática deixava os alunos animados e ansiosos pela chegada da nova cartinha. Sensações diferentes da comunicação virtual e instantânea presente nos dias atuais.

Fonte de pesquisa: Escola resgata hábito de trocar cartas, de Matheus Orlando. *Comércio do Jahu*. Disponível em: <http://www.comerciodojahu.com.br/noticia/1348648/escola-resgata-habito-de-trocar-cartas>. Acesso em: 23 out. 2017.

a. A troca de cartas estimula situações e atitudes que não poderiam ocorrer se só trocássemos, por exemplo, mensagens virtuais. Quais seriam essas situações e atitudes?

b. Se você fosse escrever uma carta para alguém, para quem e o que escreveria?

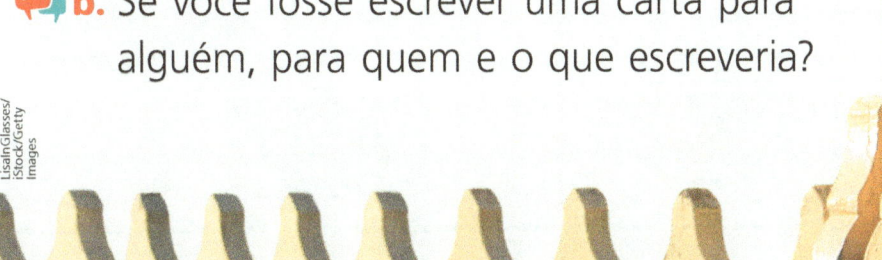

Lendo um diário literário

Leia o trecho a seguir do livro *O diário escondido da Serafina*. O que será que a personagem principal compartilhou com seu diário?

Querido diário

Você não sabe o que aconteceu nesse fim de semana que passou: aprendi a fazer tricô com a dona Idalina, mãe da Amelinha. Só sei fazer o ponto de tricô, o mais simples, na ida e na volta, quero dizer, no direito e no avesso.

A dona Idalina até me deu um novelo de lã azul e um par de agulhas grossas para eu praticar bastante. A única coisa que está atrapalhando um pouco é o calor que continua fazendo, diário. Um horror! Tomara que o mês de março passe logo. E, por falar em passar logo, daqui a pouco chega o aniversário do meu pai: dia 2 de maio. Acho que vai ser tempo suficiente para eu fazer um cachecol de lã para dar de presente a ele. O que você acha da ideia, diário? Eu achei ótima e a minha mãe também.

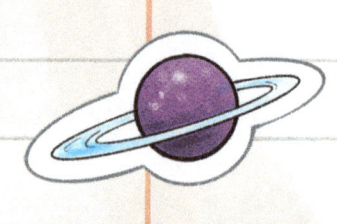

Amanhã mesmo vou sair com ela para comprar a lã. Cor de vinho, que é uma das cores preferidas do meu pai. Daí, vou fazendo um pouquinho por dia, longe dele, claro. E a dona Idalina vai supervisionando, para não deixar escapar nenhum errinho. Que legal!

Sabe de outra coisa, diário? Acabei de ter outra ideia: a turma toda poderia aprender tricô, pra fazer um cachecol coletivo para o seu Nonô. Ele iria adorar, tenho certeza! Tanto o meu pai como o seu Nonô sentem muito frio no pescoço. A gente podia até combinar uma coisa: cada um comprava um novelo de cor diferente e ia fazendo sua parte, para o cachecol sair listrado e bem colorido.

Xi... O problema vai ser ensinar tricô pra todo mundo. Será que vai ser muito difícil, diário? Bom, não custa nada tentar. E agora vou parar de escrever, pra começar a tomar as providências.

Tchau.

O mês de março já acabou, o tempo refrescou, o cachecol do meu pai já está grandinho, mas o do seu Nonô nem começamos a fazer.

O diário escondido da Serafina, de Cristina Porto. 4. ed. São Paulo: Ática, 2013. p. 36-38.

Cristina Porto, a autora do texto que você leu, nasceu em 1949, na cidade de Tietê, interior do estado de São Paulo. Ela é professora e escritora de livros infantis. Também escreveu *Serafina sem rotina*, *A escolinha da Serafina* e muitos outros livros infantojuvenis.

Capa do livro *O diário escondido da Serafina*, de Cristina Porto.

Estudando o texto

1. Serafina escreveu no diário aquilo que você havia imaginado? Comente com os colegas.

2. Em sua opinião, por que Serafina escreveu no diário dela sobre esses acontecimentos?

3. Serafina inicia a escrita no diário contando uma novidade. Que novidade é essa?

_____

_____

4. Circule o presente de aniversário que Serafina decidiu dar para o pai.

5. A respeito dos eventos contados por Serafina, marque um **X** na alternativa correta.

○ Serafina conta apenas eventos que já aconteceram.

○ Serafina conta apenas eventos que vão acontecer.

○ Serafina conta eventos que já aconteceram, que estão acontecendo e que ainda vão acontecer.

6. Releia o trecho a seguir.

> Acabei de ter outra ideia: a turma toda poderia aprender tricô, pra fazer um cachecol coletivo para o seu Nonô. **Ele** iria adorar, tenho certeza!

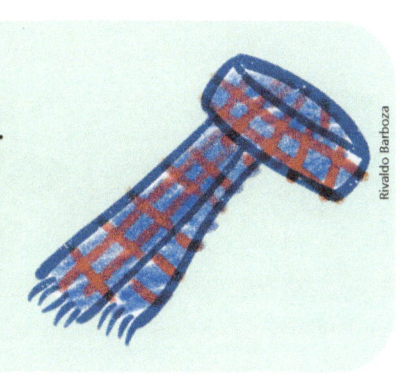

a. O que Serafina quis dizer com a expressão **cachecol coletivo**?
_____
_____

b. Ao empregar a palavra **adorar**, Serafina:

○ diz de uma forma mais descontraída que seu Nonô gostaria muito do cachecol.

○ revela que seu Nonô é um homem muito religioso.

c. A quem se refere a palavra em destaque no trecho?
_____
_____

d. Por que ela foi utilizada?
_____
_____
_____

7. Como Serafina inicia e termina a escrita do diário?
_____
_____
_____

8. Circule a imagem abaixo que representa onde esse texto foi publicado.

9. Serafina é uma personagem criada pela autora Cristina Porto, por isso seu diário é fictício e literário.

a. Quem pode ler esse diário?

_____

_____

b. Quem pode ler os diários pessoais reais? Por quê?

_____

_____

_____

10. Que tal escrever um diário? Caso você já tenha um, veja algumas dicas a seguir. Se nunca escreveu, esta é uma boa oportunidade para começar. Siga estas dicas.

- Providencie um caderno, uma agenda ou mesmo algumas folhas de papel avulsas para usar como diário.
- No diário, você pode escrever sobre acontecimentos passados, coisas que estão acontecendo no momento e até sobre planos para o futuro.
- Lembre-se de iniciar seu texto com uma saudação e de terminá-lo com uma despedida.

Estudando a língua

Registro formal e registro informal

1. Observe as cenas abaixo.

A

FÊ, ACORDEI MEIO MAL. TÔ LIGANDO PRA FALAR QUE NÃO VOU PRA ESCOLA HOJE. BELEZA?

B

POR FAVOR, VOCÊ PODERIA AVISAR À PROFESSORA HELENA QUE ESTOU DOENTE E, POR ISSO, NÃO IREI À AULA HOJE?

a. Nas duas cenas, o menino que está doente diz praticamente a mesma coisa, mas de maneiras bem diferentes. Em qual cena o menino falou de maneira mais descontraída?

b. Troque ideias com os colegas e responda: por que o menino falou a mesma coisa de maneiras diferentes?

Quando nos comunicamos — tanto na fala quanto na escrita — com alguma autoridade, com uma pessoa com quem não temos intimidade, mais velha ou desconhecida, empregamos o **registro linguístico formal**, ou seja, um registro mais cuidadoso, mais sério.

Quando nos comunicamos com pessoas próximas de nosso convívio, ou que tenham algo em comum conosco, como idade, grupo social — adolescentes, *rappers*, surfistas —, empregamos o **registro linguístico informal**, que é mais descontraído e despreocupado.

Pratique e aprenda

1. Leia a anedota a seguir e responda às questões.

> Junim quebrou o braço e ficou um tempão com o braço na tipoia. Um dia, ele perguntou ao médico:
>
> — Doutor, o senhor acha que depois que eu tirar o gesso eu vou conseguir tocar piano?
>
> — Claro, meu filho — respondeu o médico.
>
> — Que bom — disse o Junim. — Antes eu não conseguia de jeito nenhum.
>
> *O livro do riso do Menino Maluquinho*: todas as piadas que as crianças ouviram ou contaram no último século, de Ziraldo. 3. ed. São Paulo: Melhoramentos, 2000. p. 57.

a. Que palavras Junim usou para se dirigir ao médico?

_____

b. Ao empregar essas palavras, o personagem usou o registro linguístico:

◯ formal. ◯ informal.

c. Esse registro estava adequado à situação em que Junim se encontrava? Por quê?

_____
_____
_____
_____

d. O que causa o efeito de humor na anedota que você leu?

_____
_____
_____
_____

2. Escreva **F** para as frases que foram escritas com registro formal e **I** para as frases que foram escritas com registro informal.

○ Por favor, queiram entrar.

○ Vamo dá um rolê?

○ Você gostaria de assistir a um filme?

○ E agora? Tô perdidão nessa cidade!

○ Tá a fim de ir no cinema hoje?

○ Entra aí, mano!

○ Estou cansado de tanto brincar.

○ Você poderia, por favor, dar um recado à sua mãe?

3. Observe o cartum a seguir e responda às questões.

> VEJA QUE BELOS MOVIMENTOS ELÍPTICOS FAZEM ESSAS ONDAS, MEU CARO AMIGO! PEGÁ-LAS-EMOS NESSE INSTANTE OU MAIS TARDIAMENTE?

Norma culta, de Roberto Kroll. Disponível em: <www.robertokroll.com.br/2017/12/norma-culta.html>. Acesso em: 18 dez. 2017.

a. Que tipo de registro o personagem empregou?

◯ Formal. ◯ Informal.

b. Esse registro é um dos elementos responsáveis por criar o humor do cartum. Explique por quê.

_____

_____

c. Além do registro, o que mais não está adequado à situação em que estão esses personagens?

_____

_____

_____

d. Em sua opinião, como o surfista diria essa mesma frase?

116 Cento e dezesseis

Como se escreve?

Palavras com s e ss

1. Veja as imagens a seguir e leia as palavras abaixo delas.

pêssego

seriguela

a. O **s** em **seriguela** representa o mesmo som que o **ss** em **pêssego**?

◯ Sim.

◯ Não.

b. A letra **s** e as letras **ss** em **seriguela** e **pêssego** aparecem na mesma posição na palavra (começo, meio ou final)?

◯ Sim.

◯ Não.

c. Complete estes nomes com **s** ou **ss**.

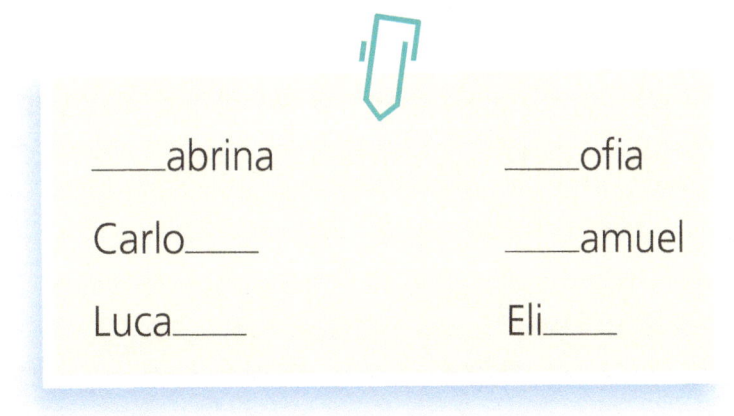

____abrina   ____ofia

Carlo____   ____amuel

Luca____   Eli____

d. Você completou algum nome com **ss**?

O **s** inicial e o **ss** representam o mesmo som (som de **s**).

Na língua portuguesa, não existem palavras começadas ou terminadas por **ss**.

2. Agora, vamos ler os seguintes nomes.

Rosa

Melissa

a. Nessas palavras, o **s** e o **ss** aparecem entre:

◯ vogais.   ◯ consoantes.

b. O som do **s** e do **ss** nessas palavras é o mesmo?

◯ Sim.   ◯ Não.

A letra **s** entre vogais tem som de **z**.

Pratique e aprenda

1. Todas as palavras a seguir têm som de **s**. Observe a posição das lacunas e complete-as com **s** ou **ss**.

_____ acola   trave_____ eiro   _____ abão

_____ emente   dino_____ auro   carro_____ el

118 Cento e dezoito

2. Escreva o nome dos elementos retratados abaixo. Atenção ao uso das letras **s** e **ss**!

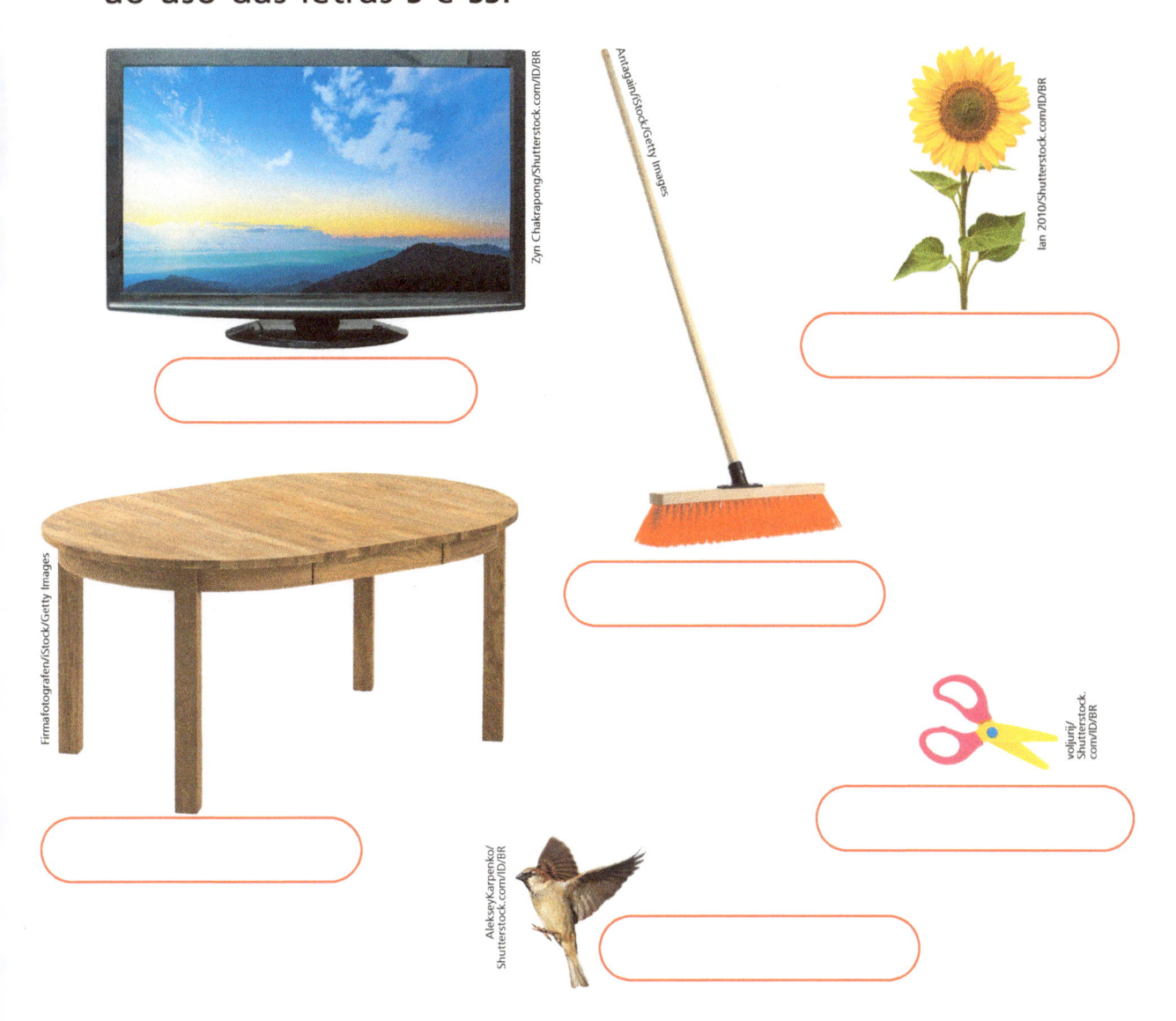

3. Complete as frases com uma das palavras do quadro.

asa • assa

a. Todas as tardes, meu pai _____ pão.

b. Aquele passarinho está com a _____ machucada.

presa • pressa

c. A professora ficou _____ no trânsito.

d. Ande logo, porque o papai está com _____.

Cento e dezenove **119**

Produção escrita

Produzir carta pessoal

Nesta seção, você vai escrever uma carta para contar algo importante a alguém que você não vê com frequência e, de preferência, que more em outra cidade. Ao final, as cartas serão postadas nos Correios.

Planeje

- Escolha um familiar ou um amigo que more longe para escrever-lhe uma carta.
- Pense em alguns assuntos que você queira contar.
- Lembre-se de que sua carta deve conter os seguintes elementos:

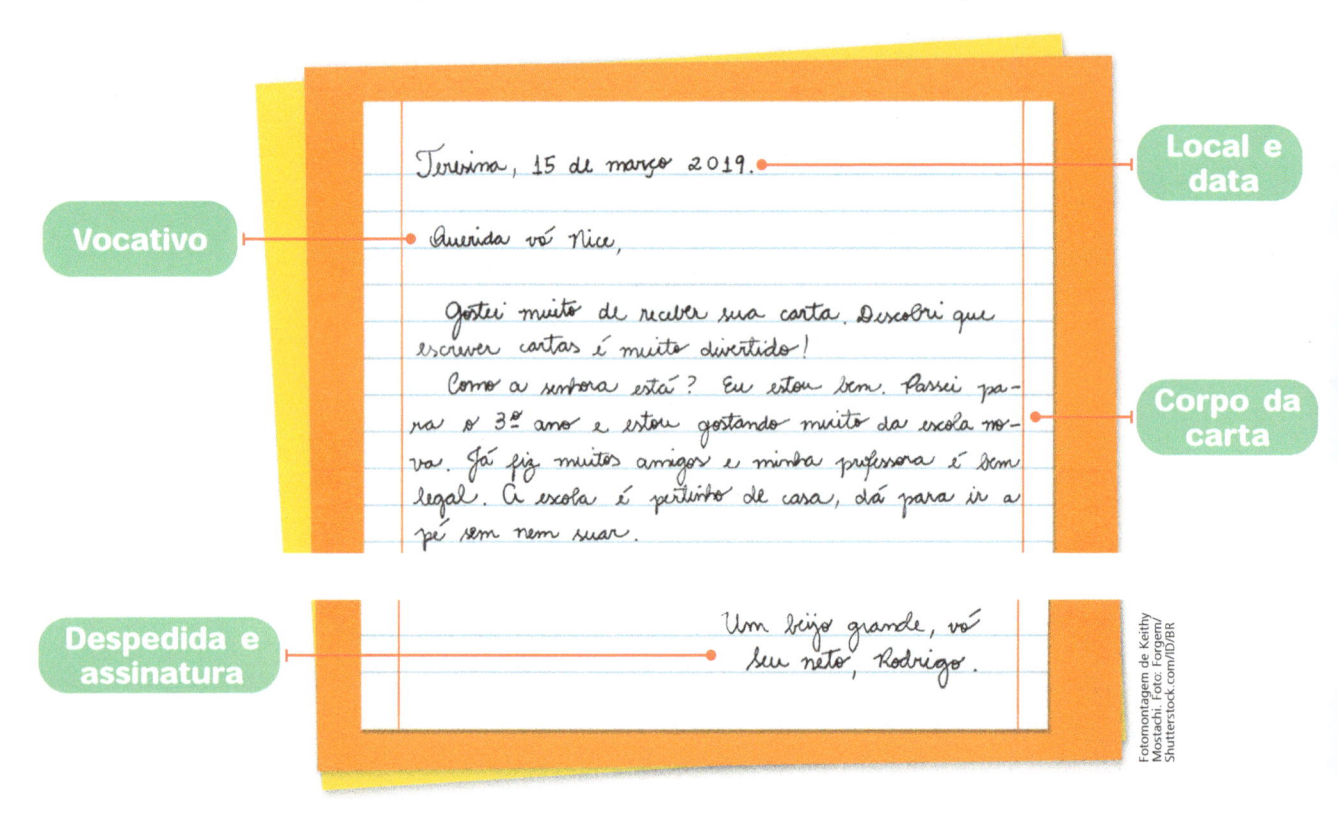

Local e data

Teresina, 15 de março 2019.

Vocativo

Querida vó Nice,

Corpo da carta

Gostei muito de receber sua carta. Descobri que escrever cartas é muito divertido!
Como a senhora está? Eu estou bem. Passei para o 3º ano e estou gostando muito da escola nova. Já fiz muitos amigos e minha professora é sem legal. A escola é pertinho de casa, dá para ir a pé sem nem suar.

Despedida e assinatura

Um beijo grande, vó
Seu neto, Rodrigo.

Fotomontagem de Keithy Mostachi. Foto: Forgem/Shutterstock.com/ID/BR

Escreva

- De acordo com a pessoa que você escolheu para enviar a carta, o registro do seu texto poderá ser mais informal ou mais formal.

120 Cento e vinte

- Empregue sinônimos e palavras como **ele/ela**, **dele/dela** para evitar repetições.
- Se alguma palavra não couber na linha, separe-a em sílabas.
- Atenção ao emprego de **s** e **ss** nas palavras.
- Se desejar, junto com a sua carta, envie um desenho ou uma foto.

Revise

Verifique se:
- escreveu o nome da cidade, a data e a saudação;
- conseguiu escrever a mensagem de forma clara;
- inseriu uma despedida e assinou a carta.

Reescreva

Após fazer as adequações necessárias no texto, reescreva-o em uma folha de papel bem bonita, com letra legível.

Providencie um envelope para que você possa enviar a carta. Complete-o com os dados do remetente e do destinatário:
- nome completo;
- endereço completo.

Por fim, cole um selo postal no local indicado.

O professor vai combinar com vocês como será feito o envio das correspondências.

Avalie

	Sim	Não
A carta revela proximidade com o destinatário?		
Inseri todos os elementos necessários na carta e no envelope?		
A linguagem utilizada está de acordo com o destinatário?		

Ponto de chegada

1. Explique o sentido da palavra **mão** em cada uma das frases a seguir.

    a. Ontem machuquei minha mão.

    _____

    _____

    b. Essa rua é de mão dupla?

    _____

    _____

2. Imagine que as seguintes palavras não couberam em uma única linha. Divida-as de todas as formas possíveis.

    a. apontador: _____

    _____

    b. matemática: _____

    _____

    _____

3. Quando nos comunicamos com uma pessoa com quem não temos proximidade, empregamos um **registro linguístico** mais _____. Quando nos comunicamos com uma pessoa com quem temos proximidade, devemos empregar um **registro linguístico** mais _____.

4. Complete as palavras a seguir com **s** ou **ss**.

    ca___a   be___ouro   ___aúde

    ___inal   a___adeira   carro___el

    trave___eiro   ___ardinha   va___oura

122 Cento e vinte e dois

unidade

5 Conte outra vez

Ponto de partida

1. O que as pessoas representadas na foto estão fazendo?

2. Observando a expressão das crianças, como você imagina que elas estejam se sentindo?

3. Você gosta de contar e ouvir histórias? Por quê?

Cento e vinte e três 123

Lendo um conto popular

Leia o título do texto a seguir e observe as ilustrações. Você acha que o macaco e a onça são amigos? O que você imagina que possa acontecer em uma história com esses dois animais como personagens?

Quer descobrir o que aconteceu entre o macaco e a onça? Então, leia o texto a seguir.

O macaco e a onça

Ah, lá está ele: o animal que mais faz traquinagens na mata. Vejam o tamanho do rabo dele! Que habilidade! É o macaco! Pulando de galho em galho, vive pregando peças nos outros animais! Pois escutem uma de suas "macaquices":

Cansada das peraltices do macaco, a onça teve uma ideia, fingir-se de morta. Assim, na hora em que o macaco se aproximasse dela para lhe dar o derradeiro adeus, ia agarrar e comer o travesso.

— Dessa vez, eu é que vou fazer o macaco de bobo! Ele vai cair feito um pato — disse.

Plano bolado, bastou dizer à comadre cascavel que espalhasse a notícia de seu passamento. "Missão dada, missão cumprida", foi o que pensou. Agora era só se deitar no chão da caverna e esperar pelo grande momento da vitória.

derradeiro: último
habilidade: capacidade, agilidade
passamento: morte
traquinagens, peraltices: brincadeiras
travesso: brincalhão

124 Cento e vinte e quatro

A notícia da morte da onça correu como o vento por todos os cantos da mata: pelos rios, pelos capões, pelos céus e até pelas imensas árvores. Foi lá no alto, no último galho da maior árvore da floresta, que um papagaio contou ao macaco a "triste notícia".

— A onça morreu!!! — gritou o papagaio.

— Não me diga? A onça morreu? — indagou o macaco.

A coruja, o jabuti, o jacaré, a raposa e tantos outros animais entraram na caverna e se posicionaram em volta da defunta. O macaco, esperto que só ele, chegou por último. De longe, foi dizendo:

— Mas que pena! Uma onça tão jovem e já esticou as canelas! Por acaso ela já espirrou, senhor coelho?

— Ainda não! Por quê? — questionou o coelho, intrigado.

— Oras, porque minha vozinha quando morreu deu três espirros! — disse o macaco.

capões: porções de mato

Ouvindo isso, a onça espirrou, em alto e bom som, três vezes seguidas:

— ATCHIM! ATCHIM! ATCHIM!

O macaco rolava de tanto dar risada:

— Desde quando morto consegue espirrar? Saúde, dona onça! — disse ele, correndo e ainda dando boas gargalhadas.

Os animais acharam tudo aquilo muito engraçado e também começaram a rir. A onça, coitada, morreu... de vergonha! Cada animal, da formiga ao porco-espinho, saiu pela floresta contando esse acontecido para quem quisesse escutar. Foi assim... Foi assado... Eu mesmo ouvi a história narrada por uma maritaca que vive numa palmeira no fundo do meu quintal.

O macaco e a onça, recontado por Ricardo Dalai e Marcia Paganini. Em: *Histórias bem-contadas*: contos de fadas, fábulas e outras histórias da oralidade. Ilustrações originais de Cassia Naomi Nakai. Londrina: Madrepérola, 2016. p. 53-55.

maritaca: espécie de ave que vive em bandos, comum no Brasil

Lendo com expressividade

Junte-se a mais três colegas e façam uma leitura oral bem animada desse conto. Um de vocês lerá as falas do macaco; outro, as da onça; o terceiro, a fala do coelho; e o último, as partes do narrador.

> **Que curioso!**
>
> **Conto popular**
>
> As histórias que surgem oralmente entre o povo e vão sendo contadas de uma pessoa para outra, de geração para geração, são chamadas de contos populares.
>
> Entre o povo brasileiro, são muitos os contos populares sobre o macaco.
>
> *Avô contando uma história*, de Albert Anker. Óleo sobre tela, 74 cm × 109 cm. Século 19.

Estudando o texto

1. De que trata o conto lido?

2. O que você imaginou sobre a história se confirmou no texto?

3. Qual é o personagem principal, ou seja, em torno de quem a história se desenvolve?

_____

4. Que personagem da história se opõe ao personagem principal?

_____

5. Quais são os personagens secundários da história, isto é, aqueles de menor importância?

_____

_____

_____

6. Onde a história acontece?

_____

7. Releia um trecho do texto.

> — Dessa vez, eu é que vou fazer o macaco de bobo! Ele vai cair feito um pato — disse.

a. De quem é a fala destacada nesse trecho?
_____

b. Que sinal de pontuação foi usado para introduzir essa fala?
_____

8. Pinte o animal que ajudou a onça a colocar seu plano em prática.

Ilustrações: Gustavo Machado

9. Em uma história, são narrados fatos que já ocorreram. Por isso, são usadas palavras e expressões que indicam ações no passado, por exemplo: **subiu**, **comeu**, **estava correndo**, **disse**. Sublinhe, no trecho a seguir, as palavras que indicam ações que já aconteceram.

> A notícia da morte da onça correu como o vento por todos os cantos da mata: pelos rios, pelos capões, pelos céus e até pelas imensas árvores. Foi lá no alto, no último galho da maior árvore da floresta, que um papagaio contou ao macaco a "triste notícia".

128 Cento e vinte e oito

10. Os animais acreditaram na morte da onça? Explique.
_____
_____

11. Qual é o significado da frase "a notícia da morte da onça correu como o vento"?
_____
_____

12. O que o macaco pretendia ao perguntar sobre o espirro?

○ Verificar se a onça estava doente e espirrando.

○ Enganar a onça fazendo-a espirrar, provando que não estava morta.

13. O narrador, ou seja, quem conta a história, afirma:

> Pois escutem uma de suas "macaquices":

Com quem o narrador está falando?
_____
_____

14. Releia um trecho do texto.

   Cada animal, da formiga ao porco-espinho, saiu pela floresta contando esse acontecido para quem quisesse escutar. Foi assim... Foi assado...

Explique o que você entendeu com a afirmação: "Foi assim... Foi assado...".
_____
_____

Cento e vinte e nove **129**

Palavras: significados e usos

Palavras e expressões com sentido figurado

1. Releia uma frase do conto "O macaco e a onça".

> "Uma onça tão jovem e já **esticou as canelas**!"

Como estava a onça, de acordo com a expressão destacada na frase acima?

○　　　　　　　　　○

Ilustrações: Gustavo Machado

É muito comum, na linguagem do dia a dia, usarmos expressões com **sentido figurado**, ou seja, dizermos algo com um sentido diferente daquele em que geralmente elas são empregadas.

Pratique e aprenda

1. Nas frases a seguir, foram empregadas expressões com sentido figurado. Marque um **X** na alternativa que representa o que elas significam.

   a. O macaco rolava de tanto dar risada.

   ◯ O macaco ria muito.   ◯ O macaco saiu rolando.

   b. Ele vai cair feito um pato.

   ◯ Ele vai levar um tombo.   ◯ Ele vai ser enganado.

2. Releia outro trecho do texto.

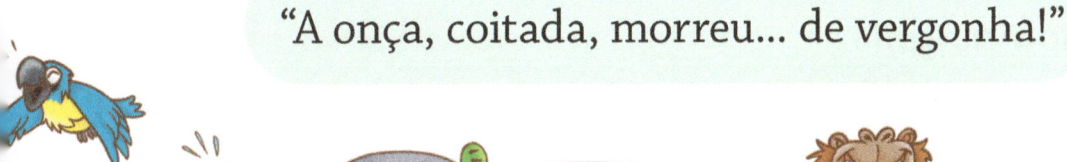

   "A onça, coitada, morreu… de vergonha!"

   a. O que quer dizer "morreu de vergonha"? Será que a onça ficou com tanta vergonha que acabou morrendo? Explique o que você entendeu dessa expressão.

   _____
   _____
   _____
   _____

b. Agora, relacione cada uma das expressões abaixo ao seu significado.

❶ Morrer de fome. ( ) Ter muita pena de alguém.

❷ Morrer de inveja. ( ) Amar muito alguém.

❸ Morrer de dó. ( ) Rir muito.

❹ Morrer de amor. ( ) Ter muito medo.

❺ Morrer de rir. ( ) Estar, ficar com muita fome.

❻ Morrer de medo. ( ) Querer muito o que é dos outros.

3. Explique o sentido das expressões em destaque.

a. Ela **pisou na bola**.

_____

b. Aquele menino vive **no mundo da lua**.

_____

c. Aquele homem tem uma **fome de leão**.

_____

Lá vem lenda

Ouça a leitura que o professor vai fazer de uma lenda chamada "O crocodilo e o macaco". Ela faz parte do livro *O amuleto perdido e outras lendas africanas*, que traz diversas histórias tradicionais do continente africano.

Capa do livro *O amuleto perdido e outras lendas africanas*, de Magdalene Sacranie, publicado pela editora Panda Books, 2010.

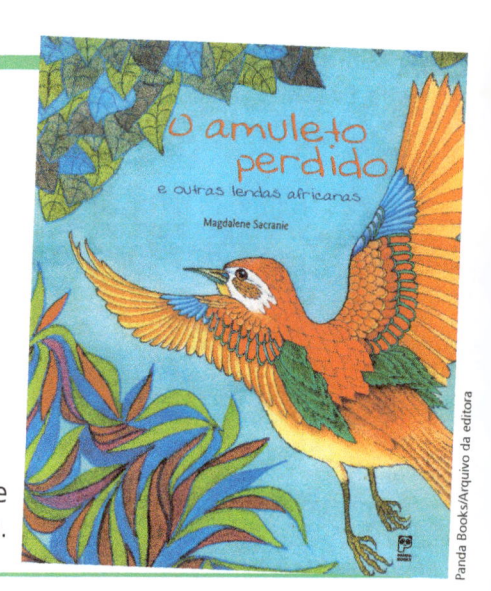

Estudando a língua

Pontuação: ponto-final, ponto de interrogação, ponto de exclamação e reticências

1. A notícia da morte da onça se espalhou com rapidez. Os animais iam anunciando uns para os outros o acontecimento. Veja.

- A ONÇA MORREU.
- A ONÇA MORREU!!!
- A ONÇA MORREU...
- A ONÇA MORREU?
- A ONÇA MORREU!

💬 Os personagens tiveram a mesma reação diante da notícia da morte da onça?

2. Vamos pensar um pouco mais sobre as reações dos animais? Para isso, responda às questões a seguir.

   a. O que a cascavel provavelmente estava sentindo ao dar a notícia do falecimento da onça?

   _____

   _____

   b. O que o tatu-bola estaria expressando?

   _____

   c. E o papagaio?

   _____

   d. Qual foi a reação da preguiça-de-coleira ao saber da morte da onça?

   _____

   e. Quanto ao macaco, como ele reagiu ao escutar que a onça havia morrido?

   _____

   f. Como você conseguiu perceber essas diferentes reações?

   _____

   _____

As falas dos personagens são formadas pelas mesmas palavras, porém são pontuadas com sinais diferentes.

Quando lemos textos, temos contato com os sinais de pontuação. Vamos rever alguns deles e os nomes que recebem?

■ Ponto-final.   ! Ponto de exclamação.

? Ponto de interrogação.   ... Reticências.

134 Cento e trinta e quatro

3. Vamos entender um pouco melhor quando devemos usar cada um desses sinais. Para isso, observe o uso deles nestas frases.

A Cansada das peraltices do macaco, a onça teve uma ideia, fingir-se de morta.

- Por que foi usado o ponto-final nessa frase?

_____

B Vejam o tamanho do rabo dele! Que habilidade! É o macaco!

- Por que essas frases foram finalizadas por pontos de exclamação?

_____

C Por acaso ela já espirrou, senhor coelho?

- O que o ponto de interrogação está expressando?

_____

D A onça, coitada, morreu... de vergonha!

- O que as reticências estão expressando nessa frase?

_____

O **ponto-final** indica uma afirmação ou negação.

O **ponto de exclamação** é utilizado para expressar sentimentos, como surpresa, admiração, espanto, medo.

O **ponto de interrogação** indica perguntas.

As **reticências** indicam uma pausa na fala ou no pensamento.

Cento e trinta e cinco **135**

Pratique e aprenda

1. Pontue o diálogo abaixo, de acordo com as ideias sugeridas.

— Alô ◯

— Quem fala ◯

— É o Beto ◯ Com quem gostaria de falar ◯

— Com o Dudu ◯ Ele está ◯

— Está ◯ Um instante ◯

(pausa)

— Pois não ◯

— É o Dudu ◯

— Sim ◯ Eu mesmo ◯

— Poderia avisar ao Beto que eu vou me atrasar para nosso treino de vôlei hoje ◯

Anedota popular.

2. Leia as afirmações abaixo e marque **F** para as falsas e **V** para as verdadeiras.

◯ As **reticências** indicam uma pausa na fala ou no pensamento.

◯ O **ponto de interrogação** indica sentimentos, como surpresa e espanto.

◯ O **ponto de exclamação** é utilizado para marcar as pausas na fala ou no pensamento.

◯ O **ponto-final** indica uma afirmação ou negação.

◯ O **ponto de interrogação** indica uma pergunta direta.

◯ O **ponto de exclamação** expressa sentimentos, como surpresa, espanto, admiração.

136 Cento e trinta e seis

Pontuação: dois-pontos e travessão

1. Releia um trecho do conto "O macaco e a onça" em que ocorre um diálogo, isto é, uma conversa entre os personagens.

A coruja, o jabuti, o jacaré, a raposa e tantos outros animais entraram na caverna e se posicionaram em volta da defunta. O macaco, esperto que só ele, chegou por último. De longe, foi dizendo:

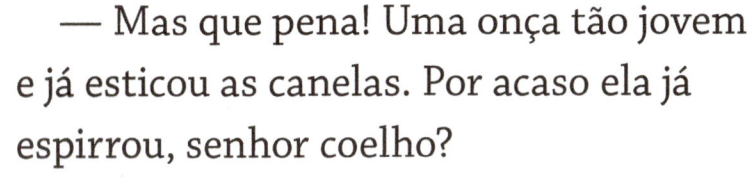

— Mas que pena! Uma onça tão jovem e já esticou as canelas. Por acaso ela já espirrou, senhor coelho?

—Ainda não! Por quê? [...]

a. Nesse trecho, pinte os sinais de pontuação de acordo com a legenda.

🔵 Sinal de pontuação usado para indicar que o personagem vai falar.

🟡 Sinal de pontuação usado para marcar as falas dos personagens, demonstrando que houve mudança de quem está falando.

b. Como se chama o sinal de pontuação usado para indicar que o personagem vai falar?

_____

c. Como se chama o sinal de pontuação usado para marcar as falas dos personagens?

_____

Os **dois-pontos** são usados para anunciar a fala de um personagem. O **travessão** é uma das formas de indicar o início da fala de um personagem.

Pratique e aprenda

1. No texto a seguir, foram retirados os sinais de pontuação Coloque-os onde for necessário.

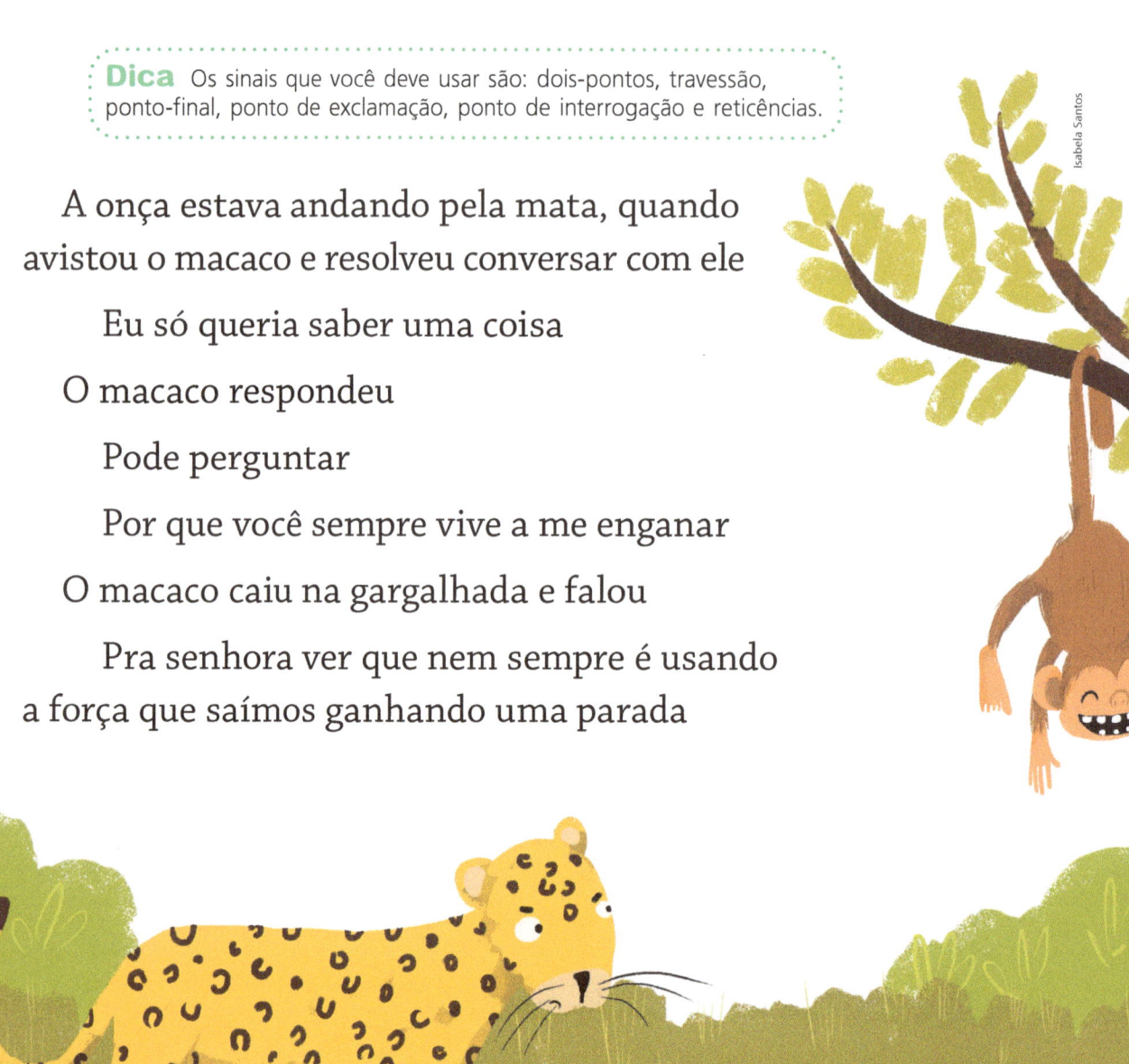

> **Dica** Os sinais que você deve usar são: dois-pontos, travessão, ponto-final, ponto de exclamação, ponto de interrogação e reticências.

A onça estava andando pela mata, quando avistou o macaco e resolveu conversar com ele

Eu só queria saber uma coisa

O macaco respondeu

Pode perguntar

Por que você sempre vive a me enganar

O macaco caiu na gargalhada e falou

Pra senhora ver que nem sempre é usando a força que saímos ganhando uma parada

Lendo um trecho de texto dramático

Como é o relacionamento do cachorro, do gato e do rato? Eles se dão bem? O texto que você vai ler a seguir fala do motivo pelo qual esses três animais tornaram-se inimigos. Qual poderia ser esse motivo? Leia o texto e descubra.

Quem conta um conto aumenta um ponto

[...]

RATO — Olá, camarada gato! Aonde vai nesse corre-corre sem fim?

GATO — Vou entregar a carta de alforria ao meu amigo cachorro!

RATO — Descanse e beba um melzinho gostoso!

GATO — Não posso, amigo! O dever me chama!

RATO — Não seja bobo, amigo gato! Um dedo de prosa não vai atrapalhar sua vida, nem a do cachorro.

GATO — Já que o amigo insiste, aceito um pouco de mel.

CANTADOR — O gato lambeu o mel, tanto lambeu que acabou enfarado e dormindo. O rato, muito curioso, foi xeretar na mochila do gato. Tanto mexeu que encontrou a carta de alforria do cachorro.

enfarado: cheio, estufado, satisfeito, enfastiado

RATO — Eta papelzinho cheiroso! Tá com um cheiro bem apetitoso. Será que o amigo gato me daria um pedacinho? E se ele não quiser dar?! Acho que vou dar uma roída aqui na ponta... Hum! Que bom! Há muito que não como um papel tão gostoso! Mais um pedacinho e pronto! (O RATO TERMINA DE COMER TODO O PAPEL E COM AS SOBRAS FAZ UM BOLO, COLOCA NA MOCHILA DO GATO E SAI CORRENDO)

GATO — (ACORDANDO) Eta sono bom! Até sonhei gostoso. Gente, preciso ir andando! (SAI. O CACHORRO ENTRA FAREJANDO)

CACHORRO — Estou sentindo o cheiro do meu amigo gato. Ele deve estar por perto! (O GATO ENTRA)

GATO — Amigão! Prepare-se pra receber sua carta de alforria.

CACHORRO — Muito obrigado, amigo gato! Fico honrado por ser portador da minha liberdade. Deixa-me ver a carta.

GATO — Aqui está, companheiro! (O GATO ENTREGA O BOLO DE PAPEL QUE O RATO COLOCOU NA MOCHILA)

CACHORRO — Amigo gato, isto aqui é um monte de papel roído! Não posso ler nada. Como é que eu vou provar para o bicho homem que sou livre?

GATO — Desculpe, amigo cachorro!

CACHORRO — Não tem desculpa nem upa! Vou pegar você e dar uma surra!

GATO — Ah, se eu encontro aquele pestinha do rato!

CACHORRO — Que rato que nada! Vou lhe dar uma pisa e lhe perseguir pelo resto de sua vida!

GATO — Pernas, pra que te tenho? (SAI CORRENDO COM O CACHORRO ATRÁS)

CACHORRO — Gato de uma figa, eu esgano você! (O RATO ENTRA EM CENA)

RATO — Calma, amigo cachorro!

GATO — Rato safado, eu te esgano!

RATO — Que culpa tenho eu? O papel estava tão cheiroso...

CACHORRO — Gato malandro, não vou deixar você em paz!

GATO — Rato safado, eu te pego na curva da estrada!

RATO — O papel é o culpado de tudo! Eu não aguento essa correria sem fim! (SAEM DE CENA CACHORRO, GATO E RATO)

CANTADOR — E até hoje, cachorro, gato e rato são inimigos até debaixo d'água. Tá explicado, seu moço? [...]

Quem conta um conto aumenta um ponto, de Raimundo Matos de Leão. 3. ed. Ilustrações de Sérgio Palmiro. São Paulo: Saraiva, 2005. p. 39-42.

O texto que você acabou de ler é um trecho do livro *Quem conta um conto aumenta um ponto*, escrito por Raimundo Matos de Leão. Baiano de Baixa Grande, além de escritor e ator, o autor é professor da escola de teatro da Universidade Federal da Bahia.

Capa do livro *Quem conta um conto aumenta um ponto*, de Raimundo Matos de Leão.

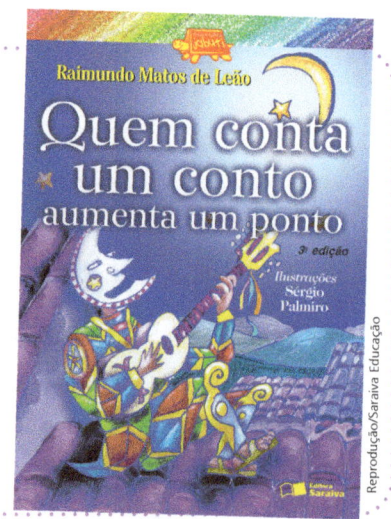

Lendo com expressividade

Vamos ler o texto dramático de uma forma diferente? Junte-se a mais três colegas e destaquem da página **241** o personagem cujas falas vocês lerão. Procurem expressar as emoções dos personagens de acordo com os acontecimentos da história. O professor convidará os alunos do 2º ano da escola para ouvir as leituras.

Estudando o texto

1. Sobre o que trata o texto que você leu?

2. O motivo da inimizade dos personagens é o que você havia imaginado? Comente.

3. Com base nas respostas às questões anteriores, volte às páginas **140** e **141** e ilustre o texto nos espaços indicados.

4. Releia uma fala do gato para o cachorro.

> **GATO** — Amigão! Prepare-se pra receber sua carta de alforria.

O que é uma carta de alforria?

_____
_____
_____

5. Uma atitude do rato provocou uma confusão nessa história.
   a. Qual foi essa atitude?

_____
_____

Cento e quarenta e três **143**

b. Quais foram as consequências dessa atitude para o relacionamento entre os personagens?

_____

_____

6. Segundo o rato, por que ele comeu a carta de alforria do cachorro?

_____

_____

7. Nesse texto, que personagem cumpre um papel parecido com o de um narrador?

◯ O gato.   ◯ O cachorro.

◯ O rato.   ◯ O cantador.

8. Releia mais um trecho do texto.

> **GATO** — (ACORDANDO) Eta sono bom! Até sonhei gostoso. Gente, preciso ir andando! (SAI. O CACHORRO ENTRA FAREJANDO)

O que as partes em destaque e entre parênteses indicam?

◯ A fala do cantador.

◯ As ações dos personagens em cena.

9. Como as falas dos personagens são marcadas, isto é, como sabemos quem está falando?

_____

_____

_____

10. Agora, releia a fala a seguir.

> RATO — Não seja bobo, amigo gato! Um dedo de prosa não vai atrapalhar sua vida, nem a do cachorro.

a. O que significa a expressão "um dedo de prosa"?

◯ Uma conversa rápida.

◯ Uma conversa longa e demorada.

b. Esse modo de falar é mais próprio de uma fala mais formal, séria, ou mais informal, descontraída?

_____

Que curioso!

A rivalidade entre o cão e o gato

A origem para essa inimizade pode estar no instinto de caça dos cães, que, antes de serem domesticados pelo ser humano, tinham de capturar suas presas para se alimentar.

Ao se deparar com um cão, o gato representava uma presa e, para piorar a situação, ao perceber o perigo, o felino colocava em prática seus instintos: se arrepiava todo e... fugia. Isso provocava o instinto de caça do cão, que partia em disparada atrás do gato.

Hoje essa relação é bem diferente. Como foram domesticados, esses animais podem viver em harmonia, desde que passem por um período de adaptação para aprender a se socializar, de preferência desde filhotes.

Filhotes de gato e cachorro brincando.

Como se escreve?

Sons nasais (til, m, n)

1. Leia em voz alta os nomes de animais a seguir. Depois, destaque os **adesivos** da página **251** e cole-os nos espaços adequados.

elefante	pavão	gambá
leão	panda	chimpanzé

Sabendo que todos os nomes que você pronunciou têm som nasal, responda às questões.

a. Por quais letras ou sinal gráfico o som nasal está sendo representado nessas palavras?

_____

b. Em quais posições as sílabas com som nasal podem aparecer nas palavras?

_____

Ao inserir o **til** sobre as vogais **a** e **o**, elas se tornam nasais.

O som nasal também ocorre quando há a construção **vogal + m** e **vogal + n** em final de sílaba.

Pratique e aprenda

1. Escreva o nome de cada uma das imagens abaixo. Depois, circule o som nasal presente em cada um deles.

_____   _____   _____

_____   _____   _____

_____   _____   _____

2. Separe as palavras a seguir em sílabas.

canção → _____   bombom → _____

tromba → _____   turbante → _____

balão → _____   barbante → _____

bombeiro → _____   feijão → _____

- Agora, circule as sílabas que têm sons nasais.

Palavras com m e n

1. Releia o nome de alguns animais que você viu na página **146**.

elefante
gambá   panda
chimpanzé

a. Nas palavras acima, pinte de verde a letra **m** e de amarelo a letra **n**.

b. Pinte, também de verde, as letras que vêm logo após o **m**. Quais letras você pintou? Escreva-as nos quadrinhos a seguir.

◯ ◯

c. Agora, você vai pintar de amarelo as letras que aparecem logo após o **n**. Quais letras você pintou? Escreva-as nos quadrinhos a seguir.

◯ ◯ ◯

2. Circule, nas palavras abaixo, a letra que vem logo após a letra **m** e a letra **n**.

> ombro • banco • convite • sombra
> brinquedo • onze • tempo • empada
> calendário • dezembro • tempero • enxada

148 Cento e quarenta e oito

a. Quais consoantes aparecem após a letra **m**?

_____

b. E quais consoantes aparecem logo após a letra **n**?

_____

c. Agora, elabore um critério para separar as palavras do quadro nos dois grupos a seguir. Depois, crie um título para cada coluna.

A letra **m** é usada antes das consoantes **p** e **b**.

Antes das demais consoantes, devemos usar a letra **n**.

Pratique e aprenda

1. Complete o nome dos animais com **m** ou **n**.

rinocero____te

pirila____po

o____ça

ca____guru

la____bari

149 Cento e quarenta e nove

Produção oral

Recontar conto popular

O que você acha de ser um contador de histórias e narrar, oralmente, para os colegas da sua turma, um conto popular? Para isso, o professor vai promover a **Hora do conto**, que acontecerá durante uma semana, no último período da aula.

A turma será dividida em grupos de três integrantes. Cada grupo vai pesquisar uma história popular para recontá-la.

Os contos podem ser pesquisados em livros, na internet ou com pessoas que conheçam essas histórias e que possam contá-las a você.

Aprenda mais!

Veja sugestões de livros para sua pesquisa.

Três contos da sabedoria popular, de Rogério Andrade Barbosa, apresenta os contos "A comadre Raposa e a comadre Onça", "O coelho e a paca" e "Por que a cutia tem o rabo bem curtinho?".

Três contos da sabedoria popular, de Rogério Andrade Barbosa. Ilustrações de Rui de Oliveira. São Paulo: Scipione, 2005 (Coleção Arco-da-velha).

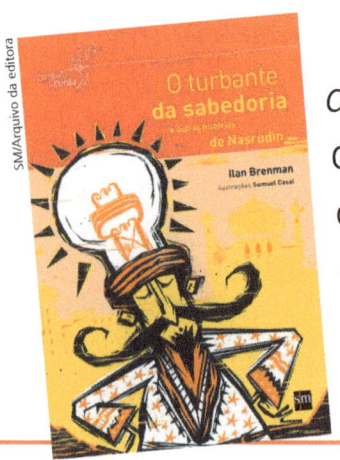

O turbante da sabedoria e outras histórias de Nasrudin, de Ilan Brenman, reúne contos divertidos e irreverentes sobre um sábio chamado Nasrudin. Esses contos circularam em diversos países, como Egito, Síria e Irã, e incorporaram suas tradições.

O turbante da sabedoria e outras histórias de Nasrudin, de Ilan Brenman. Ilustrações de Samuel Casal. São Paulo: Edições SM, 2008.

Antes de contar a história escolhida, é preciso que vocês a conheçam bem. Portanto, prestem atenção nestas dicas.

Planejem

- Leiam o conto escolhido mais de uma vez.
- Certifiquem-se de que entenderam bem todos os acontecimentos e a sequência deles.
- Escrevam os acontecimentos do conto na sequência em que eles ocorreram.
- Combinem quais acontecimentos cada um vai contar.
- Façam alguns ensaios antes da apresentação.

Realizem

Para narrar o conto, sigam estas orientações.

- Falem em um tom de voz que todos possam ouvir.
- Pronunciem as palavras com clareza.
- Usem expressões faciais e gestos.
- Empreguem expressões que prendam a atenção dos ouvintes.

né

então

daí

de repente

- Utilizem palavras e expressões que indicam passagem do tempo.

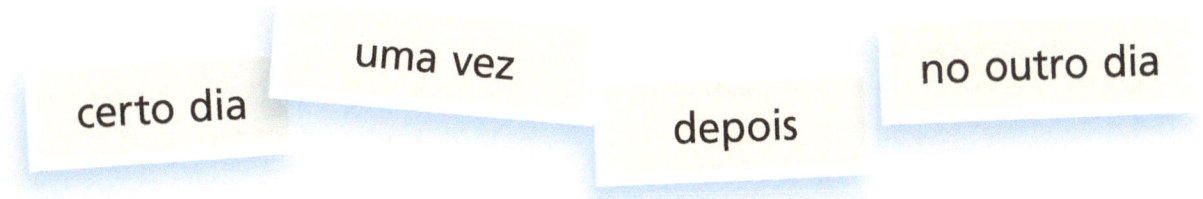

certo dia

uma vez

depois

no outro dia

Avaliem

	Sim	Não
Pesquisamos um conto popular e ensaiamos a apresentação?		
Prestamos atenção na apresentação dos colegas?		

Produção escrita

Registrar conto popular

Vocês vão registrar por escrito o conto que seu grupo narrou. Depois, os contos da turma serão reunidos em um livro que poderá ser entregue à biblioteca da escola ou à biblioteca pública de sua cidade.

Planejem

Relembrem e anotem o título do conto, o nome dos personagens, o lugar em que a história se passa, os principais acontecimentos e a sequência deles.

Escrevam

Escrevam o conto em uma folha de rascunho. Veja o exemplo.

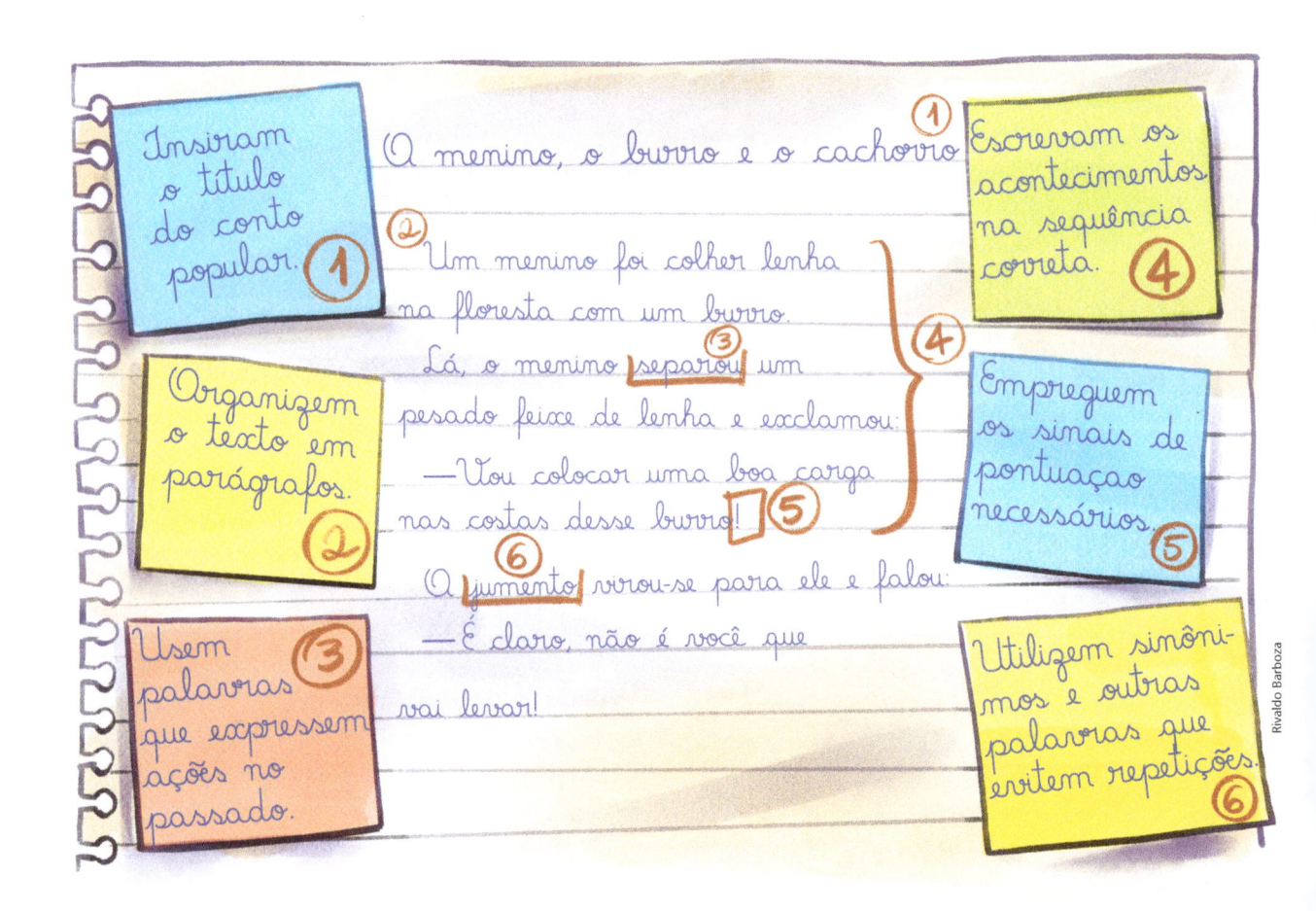

① Insiram o título do conto popular.

② Organizem o texto em parágrafos.

③ Usem palavras que expressem ações no passado.

④ Escrevam os acontecimentos na sequência correta.

⑤ Empreguem os sinais de pontuação necessários.

⑥ Utilizem sinônimos e outras palavras que evitem repetições.

① O menino, o burro e o cachorro

② Um menino foi colher lenha na floresta com um burro. Lá, o menino ③ separou um pesado feixe de lenha e exclamou:
— Vou colocar uma boa carga nas costas desse burro! ⑤
⑥ O jumento virou-se para ele e falou:
— É claro, não é você que vai levar!

Rivaldo Barboza

Revisem

Finalizado o conto, façam a leitura dele e verifiquem se:

- ele apresenta os personagens da história original;
- foi mantida a sequência dos fatos;
- o texto está organizado em parágrafos;
- a pontuação foi utilizada adequadamente;
- foram usadas palavras e expressões que representam ações que já aconteceram;
- foram utilizadas palavras e expressões para evitar repetição.

Reescrevam

Terminada a revisão, passem o texto a limpo fazendo as correções necessárias. No final, escrevam os nomes dos autores e produzam uma ilustração para a história.

Para fazer juntos!

Livro de contos da turma

A turma será dividida em grupos para numerar as páginas, produzir a capa e elaborar o sumário do livro.

Com o livro pronto, é hora de deixá-lo disponível na biblioteca para que outras pessoas possam emprestá-lo e apreciar os recontos de vocês.

Avaliem

	Sim	Não
Registramos o conto na ordem dos acontecimentos?		
Revisamos o texto e passamos a limpo, fazendo as alterações necessárias?		
Ajudamos na elaboração do livro de contos da turma?		

Ponto de chegada

1. Quando usamos palavras ou expressões com um sentido diferente daquele em que geralmente são empregadas, estamos utilizando o **sentido figurado**. Marque um **X** na alternativa que explica o sentido da expressão em destaque.

   > Quando entrar de férias, vou ficar **de pernas pro ar**.

   ○ Com as pernas erguidas.

   ○ À toa, sem fazer nada.

2. Escreva que sinal de pontuação deve ser usado para:

   a. indicar uma afirmação ou negação ○

   b. expressar sentimentos, como surpresa, admiração, espanto, medo ○

   c. indicar perguntas ○

   d. indicar uma pausa na fala ou no pensamento ○

   e. anunciar a fala de um personagem ○

   f. indicar o início da fala de um personagem ○

3. Ao inserir o **til** sobre as vogais **a** e **o**, elas se tornam nasais. O som nasal também ocorre quando há a construção **vogal + m** e **vogal + n** em final de sílaba.

4. Circule as sílabas com som nasal nas palavras a seguir.

   > tampa • coração • pandeiro

5. A letra **m** é usada antes das consoantes _____ e _____. Antes das demais consoantes, devemos usar a letra **n**.

unidade

6 Convivendo e aprendendo

Cena do filme *Up – Altas aventuras*, dos diretores Pete Docter e Bob Peterson, 2009.

Ponto de partida

1. Você conhece os personagens que aparecem nessa imagem? Caso conheça, diga quem são eles.

2. Você convive ou tem contato com pessoas idosas? Como é a relação de vocês?

Cento e cinquenta e cinco 155

Lendo um trecho de conto

O trecho a seguir narra a história de um neto e seu avô. Observando a ilustração, como você imagina que seja a relação entre os dois?

Meu avô africano

— Não é Vitório. É Vítor Iori!!!

Quando eu era pequeno, vivia repetindo isso. É que as pessoas sempre erravam o meu nome. [...]

Um dia, resolvi conversar com o meu avô sobre isso. Ele, então, me explicou:

— Quando você nasceu, fiquei muito feliz. Você foi o primeiro neto da família e sua mãe me deu a honra de escolher o seu nome. Mas não foi fácil: eu queria uma palavra que lembrasse a terra de seus antepassados... Finalmente encontrei Iori, de origem africana...

[...]

Quando eu era pequeno, o vô Zinho fazia uns brinquedos pra mim que ninguém tinha igual: carrinhos de garrafa de refri, caminhão de madeira, perna de pau bem alta! Foi ele quem me ensinou a empinar pipa, fazer embaixadinhas com a bola e até dar uns passos de capoeira.

A Lua fala que o vô às vezes parece que é meu pai.

— Ele te protege e sempre acha que você tem razão — reclama a minha irmã.

Eu nem ligo. E ela que vive grudada na vó Helena?! Até na hora que a vó está fazendo bijuterias ou trabalhando com o tear. Aposto que a Lua só atrapalha e dá palpite errado!

[...]

O vô Zinho tem uma *van* bem grande, daquelas que levam as crianças pra escola. E trazem de volta também! Sempre vou com ele para o colégio de manhã. Sou o primeiro a entrar na perua e posso escolher o melhor lugar. Cada dia sento em um!

Os meus amigos da *van* adoram o vô Zinho e o chamam de vô, mas eu não ligo, porque EU sou o único neto de verdade dele.

Ainda bem que a Lua estuda à tarde e não vai com a gente! Ela ia ficar enchendo o vô toda hora, tenho certeza.

É muito legal ir pra escola com o vô Zinho. Enquanto dirige, ele conta piada, canta, troca o nome de todo mundo e também mostra uma árvore florida ou um motorista que está fazendo alguma coisa errada no trânsito.

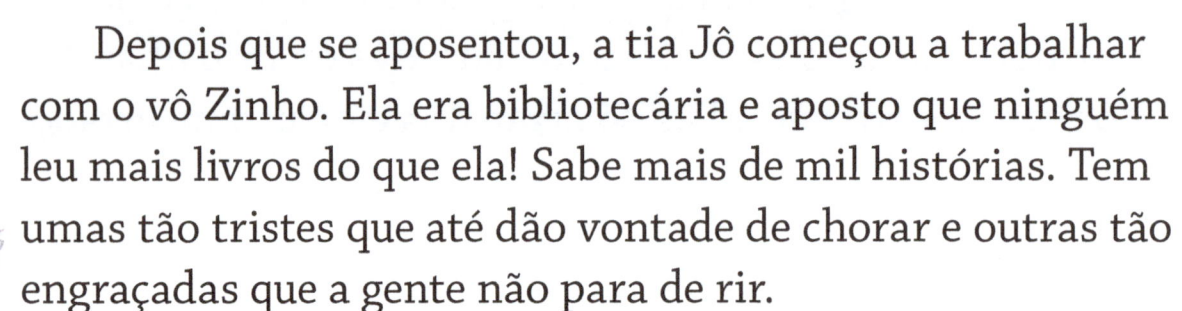

Depois que se aposentou, a tia Jô começou a trabalhar com o vô Zinho. Ela era bibliotecária e aposto que ninguém leu mais livros do que ela! Sabe mais de mil histórias. Tem umas tão tristes que até dão vontade de chorar e outras tão engraçadas que a gente não para de rir.

A turma adora ouvir as histórias da tia Jô, mas às vezes ela está no pedaço mais emocionante e é hora de alguém descer. E quem pega a história no meio, então? Fica sem entender um monte de coisas... Acho que a tia Jô faz isso de propósito só pra gente ler os livros que ela indica.

[...]

Meu avô africano, de Carmen Lucia Campos. Ilustrações originais de Laurent Cardon. São Paulo: Panda Books, 2010. p. 4, 8, 12-13 (Coleção Imigrantes do Brasil).

No livro *Meu avô africano*, o menino Vítor Iori conta sobre sua relação com a família, especialmente com o avô nigeriano. Os outros livros da coleção, como *Meu avô espanhol* e *Meu avô japonês*, também mostram a relação de outras crianças com seus avós.

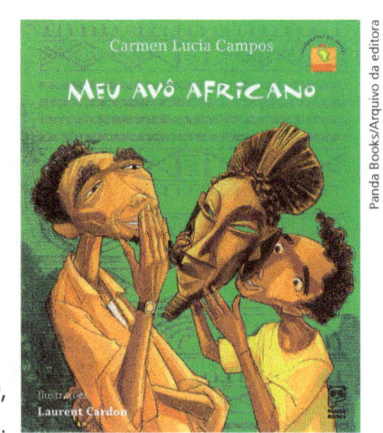

Capa do livro *Meu avô africano*, de Carmen Lucia Campos.

158 Cento e cinquenta e oito

Estudando o texto

1. O que você achou do texto que leu?

2. A relação entre o avô e o neto era como você havia imaginado?

3. Qual é o nome do personagem que narra a história?
   _____

4. Quem escolheu esse nome?
   _____

5. Por que ele escolheu esse nome?
   _____
   _____

6. O que neto e avô costumavam fazer juntos?
   ( ) Empinar pipa.   ( ) Jogar *videogame*.
   ( ) Jogar basquete.   ( ) Fazer embaixadinhas.
   ( ) Passos de capoeira.   ( ) Nadar no mar.

7. Que atividades ou brincadeiras você costuma realizar com seus avós ou outras pessoas mais velhas?
   _____
   _____

8. Na opinião de Vítor Iori, por que a tia Jô não se importava que as crianças ouvissem as histórias incompletas?
   _____
   _____

9. Com base no trecho que você leu, como descreveria o vô Zinho?

_____
_____
_____
_____

10. E como você descreveria a tia Jô?

_____
_____
_____
_____

Trocando ideias

1. O vô Zinho e a tia Jô continuaram trabalhando mesmo depois de se aposentarem. O que você acha sobre idosos trabalharem?

2. Em sua opinião, qual é a importância da convivência entre crianças e idosos?

Lá vem conto

Que tal conhecer uma história linda entre uma vó e sua neta? O professor vai ler o conto "O baú secreto da vovó", de Heloisa Prieto. Após a leitura, converse com os colegas sobre o que você achou do texto.

Estudando a língua

Substantivo e verbo

1. Observe novamente uma das ilustrações que acompanham o texto *Meu avô africano*.

a. Faça uma lista com o nome de alguns elementos que aparecem na cena ilustrada.

_____
_____
_____
_____
_____
_____

b. O que você imagina que os personagens estão sentindo nessa cena? Escreva abaixo o nome dessas emoções.

_____
_____

As palavras que você usou para responder aos itens **a** e **b** da atividade **1** são **substantivos**.

Substantivos são palavras que nomeiam seres, lugares, objetos e sentimentos. Os substantivos podem variar de acordo com o gênero (masculino e feminino) e o número (singular e plural).

2. Releia o trecho a seguir.

> Os meus amigos da *van* adoram o vô
> Zinho e o chamam de vô [...].

a. Quais são as duas ações praticadas pelos amigos de Vítor Iori?

_____

_____

b. Escreva nos espaços abaixo as duas palavras que indicam as ações que os amigos praticaram.

(_____)

(_____)

As duas palavras que você escreveu acima são **verbos**.

Verbos são palavras que indicam ações. Os verbos podem variar de acordo com a pessoa à qual se referem e com o tempo (presente, passado e futuro).

Pratique e aprenda

1. Releia um trecho do texto *Meu avô africano*. Circule de verde os substantivos e sublinhe de azul os verbos.

O vô Zinho tem uma *van* bem grande, daquelas que levam as crianças pra escola. E trazem de volta também! Sempre vou com ele para o colégio [...].

162 Cento e sessenta e dois

2. O menino do texto *Meu avô africano* gostava de ir para escola de *van* com seu avô. E você, o que gosta de fazer? Escreva cinco frases revelando o que você mais gosta de fazer no dia a dia. Em seguida, circule os verbos que você escreveu.

_____
_____
_____
_____
_____

3. Leia o início do conto "O menino e o violeiro", de Lenice Gomes.

Era dezembro. O balanço ia e vinha. Mário fitava a paisagem. Olhava tanto, que às vezes ficava incandescido de beleza. Seus pensamentos ganhavam altura. Sorria, sentindo as últimas chuvas quentes, mas que não queimavam. Gostava da chuva se espalhando pelos seus lisos cabelos. A chuva ficava nele. Ele na chuva lembrava: "Chuva vai, chuva vem, chuva miúda não molha ninguém".

[...]

O menino e o violeiro, de Lenice Gomes. Em: *Balaio de ideias*, de Sérgio Capparelli e outros autores. Coordenação de Annete Baldi. Porto Alegre: Projeto, 2006. p. 38.

incandescido: encantado, admirado
fitava: olhava com atenção

Compare estas duas frases retiradas do texto.

> O balanço ia e vinha.

> Seus pensamentos ganhavam altura.

a. Circule os verbos empregados nessas frases.

b. Sublinhe nas frases acima o substantivo que tem a função de nomear o que pratica as ações indicadas pelos verbos.

c. Por que os verbos da primeira frase estão no singular e o verbo da segunda frase está no plural?

_____
_____
_____

4. Nem sempre, em uma frase, o substantivo nomeia quem ou o que praticou a ação. Observe esse exemplo.

> O menino ouviu a história.

> A tia chamou o menino.

a. Qual substantivo se repete nas duas frases?

_____

b. Pinte de verde a frase em que o substantivo **menino** nomeia quem praticou a ação.

c. Pinte de azul a frase em que o substantivo **menino** completa o sentido de um verbo.

d. Na frase que você pintou de azul, qual substantivo nomeia quem praticou a ação?

_____

5. Leia a tirinha a seguir e responda às questões.

Níquel Náusea: nem tudo que balança cai, de Fernando Gonsales. São Paulo: Devir, 2003. p. 16.

a. Explique o que está acontecendo nessa tirinha.

b. Qual é o substantivo que nomeia os bichinhos que estão fazendo aeróbica?

_____

c. Marque um **X** na alternativa que indica a função que esse substantivo tem, além de nomear esses bichinhos.

◯ Complementa a ideia do verbo **adorar**.

◯ Indica quem adora a parte de pular na aeróbica.

d. No último quadrinho, o verbo **adorar** foi empregado no singular ou no plural? Por quê?

_____

_____

e. Quais são os verbos empregados no primeiro e no segundo quadrinhos?

_____

f. Por que há tantos verbos nos dois primeiros quadrinhos?

◯ Porque essas são as ações próprias do inseto pulga.

◯ Porque em uma aula de aeróbica há muitas ações.

Lendo uma notícia

Com base no título e na foto que acompanha a notícia a seguir, você imagina que ela vai tratar de que assunto?

Leia a notícia e descubra.

Estudo revela que as pessoas viverão mais

Um estudo da Imperial College London mostrou que, em 2030, a expectativa de vida vai atingir o índice mais alto da história, alcançando os 90 anos.

De acordo com a pesquisa, os sul-coreanos estão no topo do *ranking*, com expectativas diferentes para homens e mulheres.

Segundo os pesquisadores, uma menina nascida na Coreia do Sul em 2030 pode viver 90,8 anos, seis anos a mais do que viveria hoje; já um menino chegaria aos 84,1 anos.

Os Estados Unidos têm o menor índice entre os mais bem colocados, com 83,3 anos para mulheres e 79,5 para homens.

Sul-coreanas viverão mais.

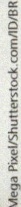

Já no Brasil, segundo dados do IBGE (Instituto Brasileiro de Geografia e Estatística), a média de vida é de 75,5 anos.

Expectativa média de vida para nascidos em 2030

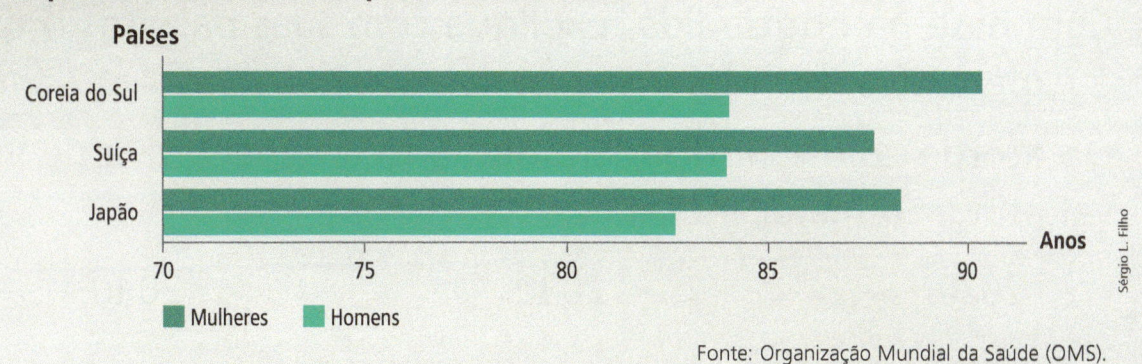

País	Mulheres	Homens
Coreia do Sul	~90,5	~84
Suíça	~87,5	~84
Japão	~88	~82,5

Fonte: Organização Mundial da Saúde (OMS).

Como medir a expectativa de vida?

Para calcular a expectativa de vida dos países, é necessário analisar serviços de saneamento, alimentação, violência, poluição, serviços de saúde e educação, entre outros. Assim, o aumento da expectativa de vida está diretamente associado à melhoria das condições de vida da população.

Estudo revela que as pessoas viverão mais. *Jornal Joca*, São Paulo, Editora Magia de Ler, n. 92, abr. 2017. Mundo, p. 4.

A notícia que você leu foi publicada no *Jornal Joca*. Nesse jornal, além de notícias, é possível encontrar reportagens, infográficos, *podcasts*, textos de curiosidades, entrevistas e outros textos sobre os mais diversos assuntos: esporte, ciência e tecnologia, cultura e maluquices do Brasil e do mundo. Fundado em 2011, o *Joca* é uma publicação que existe nas versões impressa e digital e é destinada aos públicos infantil e jovem, com uma linguagem mais acessível, estimulando a leitura e o senso crítico.

Estudando o texto

1. Qual é o assunto tratado nessa notícia?

2. O assunto da notícia é o mesmo que você havia imaginado antes da leitura?

3. Com base na notícia lida, explique com suas palavras o que é expectativa de vida.

4. De acordo com a notícia, em que ano a expectativa de vida vai atingir o maior índice?

   ( ) 2020.   ( ) 2030.   ( ) 2040.

5. Qual vai ser essa idade?

   _____

6. Preencha o quadro a seguir com as informações da notícia.

	Expectativa de vida de meninas nascidas em 2030	Expectativa de vida de meninos nascidos em 2030
Coreia do Sul		
Estados Unidos		

- De acordo com o quadro que você preencheu, quem vive mais: homens ou mulheres?

   _____

7. Conforme a notícia, qual é a média de vida no Brasil?

   _____

8. De acordo com a notícia, o aumento da expectativa de vida está relacionado a quê?

   _____

   _____

9. Observe a foto que acompanha a notícia na página **166**. Qual é o nome do texto que aparece ao lado dela?

◯ Título.   ◯ Subtítulo.   ◯ Legenda.

- Para que serve esse texto?

_____

_____

10. Observe novamente o gráfico que acompanha a notícia.

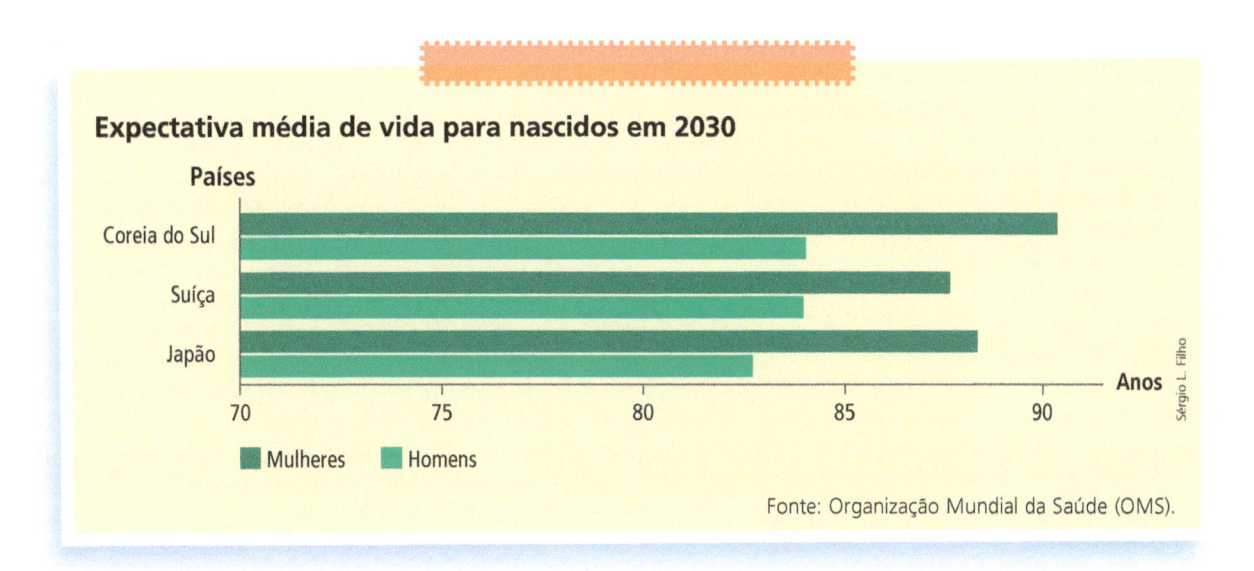

Expectativa média de vida para nascidos em 2030

Países: Coreia do Sul, Suíça, Japão

■ Mulheres   ■ Homens

Fonte: Organização Mundial da Saúde (OMS).

a. Qual é o título do gráfico?

_____

_____

b. De onde foram retiradas as informações desse gráfico?

_____

c. Que países são citados nesse gráfico?

_____

d. O que cada cor da legenda do gráfico significa?

_____

_____

e. Assinale as alternativas corretas em relação ao gráfico.

○ As mulheres viverão mais que os homens nos três países.

○ Os homens viverão mais que as mulheres nos três países.

○ Na Suíça, as mulheres viverão entre 85 e 90 anos.

○ No Japão, os homens viverão entre 85 e 90 anos.

11. Qual é o objetivo dessa notícia?

○ Apresentar informações sobre o aumento da expectativa de vida no mundo.

○ Ensinar como o leitor deve se comportar para que sua expectativa de vida aumente.

12. Pinte o quadrinho que representa o suporte em que essa notícia foi publicada.

| livro | revista | jornal | internet |

13. Quem é o público-alvo dessa notícia, ou seja, quem são seus possíveis leitores?

_____

_____

Trocando ideias

- A notícia que você leu informa que as pessoas viverão mais no futuro. Converse com os colegas sobre atitudes que as pessoas devem ter (desde crianças) para que possam viver mais.

Como se escreve?

Palavras com r e rr

1. Leia o nome dos animais retratados abaixo.

peru

marreco

a. O som de **r** e **rr** nessas palavras é o mesmo?

◯ Sim.   ◯ Não.

b. As letras que aparecem imediatamente antes e imediatamente depois de **r** e **rr** são:

◯ vogais.   ◯ consoantes.

c. Com a ajuda do professor, identifique e ligue o som representado pelas letras **r** e **rr** nas palavras lidas.

Som mais "forte"   **r**

Som mais "fraco"   **rr**

A letra **r** sozinha, entre vogais, representa um som mais fraco. As letras **rr**, entre vogais, representam um som mais forte.

Cento e setenta e um **171**

Pratique e aprenda

1. Complete as palavras com as letras que faltam. Em seguida, ligue-as às letras com as quais você as completou.

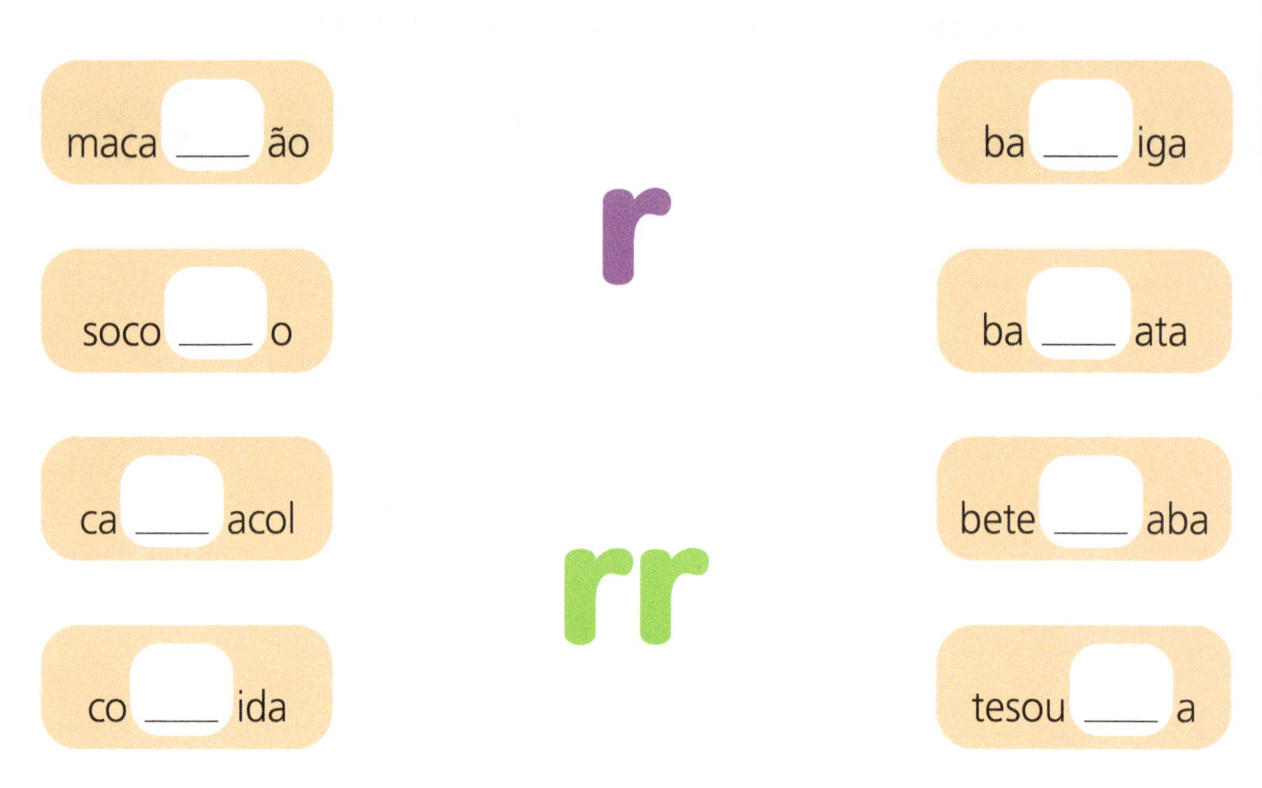

maca ____ ão

soco ____ o

ca ____ acol

co ____ ida

r

rr

ba ____ iga

ba ____ ata

bete ____ aba

tesou ____ a

2. Complete as frases com as palavras entre parênteses.

a. Minha irmã comprou um _____ muito _____. (caro – carro)

b. Mamãe colocou o bebê no _____ e fez nele um _____. (carinho – carrinho)

c. Bruno fez uma _____ por causa do forte barulho de uma _____. (careta – carreta)

d. Guarde essa _____ e depois _____ a calçada. (vara – varra)

e. Para _____ a conversa, pode deixar que eu vou _____ o carro depois de lavá-lo. (encerar – encerrar)

172 Cento e setenta e dois

3. Escreva o nome de cada uma das imagens, separando-o em sílabas. Veja o modelo.

car-re-tel

Na separação silábica de palavras com rr, o primeiro r fica em uma sílaba e o segundo r, em outra.

4. Complete as palavras abaixo com **r** ou **rr**. Em seguida, escreva-as na linha abaixo.

ja ____ a

bu ____ aco

to ____ ada

_____

_____

_____

tornei ____ a

o ____ elha

te ____ a

_____

_____

_____

Cento e setenta e três **173**

5. Observe o labirinto a seguir.

a. Escreva o nome de cada uma das imagens do labirinto no quadro abaixo.

Palavras com r	Palavras com rr

b. Trace o caminho que leva as crianças até os avós, passando somente pelas imagens cujo nome se escreve com **rr**.

174 Cento e setenta e quatro

Por dentro do tema

Valorização do idoso

Todo mundo tem direitos!

A população idosa brasileira tem aumentado nos últimos anos. É muito importante conhecer os direitos que colaboram com a qualidade de vida dessas pessoas.

Conheça alguns dos direitos dos idosos:

Educação, cultura, lazer e esporte.

Saúde.

Atendimento preferencial.

Transporte público gratuito.

Ilustrações: Deivy Lima Costa

Fonte de pesquisa: *Ser idoso é...: Estatuto do Idoso para crianças*, de Fábio Sgroi. São Paulo: Mundo Mirim, 2011.

a. Quais são os principais direitos dos idosos?

b. Em sua opinião, qual é a importância dos direitos dos idosos?

Produção oral e escrita

Produzir notícia e apresentar telejornal

Junte-se a dois colegas para produzir uma notícia que será apresentada em um telejornal a ser gravado e publicado no *blog* da turma.

Planejem

- Criem um nome para o telejornal.
- Decidam quais alunos da turma serão os apresentadores.
- Pesquisem um fato recente, em jornais impressos e digitais.
- Antes de escrever a notícia, planejem as respostas para as seguintes perguntas.

O que aconteceu?	Com quem aconteceu?
Quando aconteceu?	Onde aconteceu?
Como aconteceu?	Por que aconteceu?

- Pensem em um título para a notícia. Vejam algumas dicas.

> O título deve chamar a atenção do leitor.

> Palavras curtas economizam espaço.

> Deixe os detalhes para o texto da notícia.

MULHER CENTENÁRIA

~~Senhor de idade~~ IDOSO ~~chama a atenção~~ É ATRAÇÃO ~~em prova de corrida a pé~~ EM MARATONA

CAVALO ~~de rabo curto e com cicatriz no pescoço~~ CAUSA CONFUSÃO NO TRÂNSITO

Ilustrações: Rivaldo Barboza

Escrevam

- Em um rascunho, escrevam o título da notícia. Ele deve chamar a atenção dos espectadores do telejornal.
- No primeiro parágrafo, escrevam um resumo do fato, com as seguintes informações.

O quê?

Onde?

Com quem?

Como?

Quando?

Por quê?

Vamos informar

Nossos textos devem buscar sempre o entendimento do leitor/espectador.

- Na sequência, organizem os detalhes da notícia em parágrafos.
- Empreguem um registro adequado. Lembrem-se de que a notícia será apresentada em um telejornal para o público infantil.

Revisem

Depois de pronta, releiam a notícia para verificar se é necessário fazer algum ajuste.

Avaliem se é possível compreender o que está escrito e se as informações estão organizadas.

Reescrevam

Façam as correções necessárias e passem o texto a limpo. Com a ajuda do professor, digitem a notícia para compor o roteiro do telejornal.

Apresentem

Para a apresentação do telejornal, com os demais grupos, elaborem um roteiro para os apresentadores, inserindo todas as notícias produzidas pela turma. Indiquem a ordem e o tempo de apresentação das notícias. Insiram também um cumprimento, apresentando o nome do jornal, e, ao final, uma despedida.

No dia marcado para a apresentação, organizem o cenário do telejornal em um local adequado.

Coloquem duas cadeiras ou uma mesa para simular uma bancada. Façam um cartaz com o nome do telejornal e deixem sobre a bancada, de modo que fique visível durante a gravação.

Com a ajuda do professor, preparem as câmeras para a gravação.

No momento da gravação do telejornal, é importante que os apresentadores sigam algumas dicas.

- Orientem-se pelo roteiro que foi elaborado.
- Empreguem um tom de voz que seja captado pela câmera.
- Articulem bem as palavras e falem em um ritmo adequado, nem muito rápido, nem muito devagar.
- Atentem às expressões faciais e corporais durante a apresentação, como direção do olhar e movimentos da cabeça.
- Ao final, agradeçam e se despeçam dos telespectadores.

Com a ajuda do professor, vocês vão editar o vídeo do telejornal e, depois, publicá-lo no *blog* da turma. Divulguem o endereço virtual para que os colegas da escola e seus familiares assistam ao telejornal produzido.

Avaliem

	Sim	Não
Pesquisamos e produzimos uma notícia interessante para compor o telejornal?		
Elaboramos um título atraente para a notícia?		
Colaboramos com a produção do roteiro?		
Auxiliamos na organização e na preparação da gravação do telejornal?		

Ponto de chegada

1. **Substantivos** são palavras que nomeiam seres, lugares, objetos e sentimentos. Os substantivos podem variar de acordo com o gênero (masculino e feminino) e o número (singular e plural).

    Escreva um substantivo que nomeia:

    a. um lugar: _____

    b. um ser: _____

    c. um objeto: _____

    d. um sentimento: _____

2. **Verbos** são palavras que indicam ações. Os verbos podem variar de acordo com a pessoa à qual se referem e com o tempo (presente, passado e futuro).

    a. Circule o verbo da frase a seguir.

    b. Sublinhe o substantivo que nomeia o que pratica a ação indicada pelo verbo.

    > A tia indicou livros para a turma.

3. A letra **r** sozinha, entre vogais, representa um som mais fraco. As letras **rr**, entre vogais, representam um som mais forte. Na separação silábica de palavras com **rr**, o primeiro **r** fica em uma sílaba e o segundo **r**, em outra. Separe as palavras a seguir em sílabas.

macarrão	arroz	gorro

unidade

7 Jeitos de viver

Brincadeira cabra-cega, de Ana Maria Dias. Acrílico sobre tela, 40 cm × 60 cm. 2017.

Ponto de partida

1. O que a pintura acima retrata?
2. O local onde você vive é parecido com o local retratado na imagem? Comente as semelhanças e as diferenças entre eles.

Lendo uma reportagem

Na reportagem a seguir, você vai conhecer os costumes e os hábitos de uma região do Brasil. Será que esses costumes e hábitos são parecidos com os da região onde você mora?

http://projetoinfancias.com.br/site/projetos/artigos/novo-post

O dom de Maneloião

Tem menino que cresce, mas continua menino. Maneloião, apelido de Manoel da Conceição Neto, é um desses "meninos crescidos", que não esqueceu seus saberes lá da infância. Criado entre as cheias e vazantes do rio São Francisco, o Velho Chico, Maneloião ainda guarda nas mãos a sabedoria de construir brinquedos.

No Quilombo da Lapinha, tem muitos Manés — e todos têm apelido. [...] Dono de olhos grandes, Manoel virou Mané Oião, que o povo chama deliciosamente de "Maneloião".

Carrinho de lata produzido por Maneloião.

cheias: períodos em que há o aumento das águas
vazantes: períodos de águas baixas
dom: talento, habilidade para fazer algo

Da época de menino solto pelas beiradas do Velho Chico, lembra da fartura de peixe. "Duas tarrafadas e a gente voltava com muito peixe. A comida nossa era o rio", conta Maneloião sobre o Velho Chico, que chama de "pai e mãe" do povo dali.

Recorda-se dos ensinamentos fabulares do avô, Nhô Nhô Chico, que morreu com quase cem anos e dizia aos netos: "Nunca tenha pressa de chegar logo num lugar, você não sabe o que vai encontrar lá na frente". Maneloião ri ao lembrar.

Na infância, o menino passava horas às voltas com a construção de carrinhos de lata. "E faço até hoje", conta. Com latas de óleo de cozinha, chinelos velhos de borracha, pedaços de imburana (com madeira macia), fez numa tarde chuvosa um "carrinho com direção hidráulica".

"Como menino sabe fazer tanta coisa, Maneloião?", perguntei lá pelas tantas. "Ah...", fez uma pausa o homem de fala mansa e risada fácil. "Ninguém ensina, não. Isso é dom de menino, moça", disse Maneloião, emendando a resposta num sorriso largo e bonito.

fabulares: lendários, fantasiosos

hidráulica: um tipo de sistema de direção de automóveis

tarrafadas: lançadas de rede de pescar

O dom de Maneloião, de Gabriela Romeu. *Projeto Infâncias*, 17 abr. 2013. Disponível em: <http://projetoinfancias.com.br/site/projetos/artigos/novo-post>. Acesso em: 20 out. 2017.

O Projeto Infâncias registra a vida das crianças em diversos lugares do Brasil, promovendo a troca de experiências entre diferentes realidades. Desse trabalho, resultaram uma exposição viajante, livros, documentários, programas de rádio, palestras, oficinas e o *site* do qual foi extraído o texto que você leu.

<www.projetoinfancias.com.br>
Acesso em: 30 abr. 2020.

Estudando o texto

1. De que trata o texto que você leu?

2. O modo de viver de Maneloião é parecido ou diferente do seu modo de viver? Explique.

Vamos valorizar
Devemos conhecer e valorizar os hábitos e os costumes regionais.

3. O que você achou mais interessante nesse texto?

4. Sabendo que o texto "O dom de Maneloião" é uma reportagem, responda às questões a seguir.

   a. Onde as reportagens escritas costumam ser publicadas?

   b. Como é o nome da jornalista que escreveu a reportagem lida?

   c. As reportagens trazem informações sobre acontecimentos, pessoas e lugares:

   ( ) reais.   ( ) imaginários.

   d. Qual é o nome da pessoa que participa dos fatos relatados nessa reportagem?

   e. Que outra pessoa é citada na reportagem?

5. Onde vive Maneloião?

6. Qual é a função da reportagem que você leu?

○ Contar histórias sobre pessoas e lugares imaginários.

○ Informar sobre a vida de uma pessoa de determinada região do Brasil.

○ Ensinar a preparar pratos típicos regionais e a construir brinquedos de lata.

7. Releia a primeira frase da reportagem "O dom de Maneloião".

> Tem menino que cresce, mas continua menino.

De acordo com a leitura que você fez do texto, explique o que isso quer dizer.

_____
_____
_____
_____

8. De que outra forma Maneloião se refere ao rio São Francisco?

_____

9. Por que Maneloião considera o rio São Francisco "pai e mãe" do povo da região?

_____
_____

10. Releia o último parágrafo do texto.

> "Como menino sabe fazer tanta coisa, Maneloião?", perguntei lá pelas tantas. "Ah...", fez uma pausa o homem de fala mansa e risada fácil. "Ninguém ensina, não. Isso é dom de menino, moça", disse Maneloião, emendando a resposta num sorriso largo e bonito.

a. Sublinhe de vermelho os trechos que reproduzem as falas de Maneloião e de azul, as da jornalista.

b. Como você conseguiu identificar essas falas?
_____
_____

11. Após ler o texto, o que você descobriu sobre o dom de Maneloião?
_____
_____
_____

Lá vem poema

O professor vai ler um poema chamado "Velho Chico", que faz parte do livro *Formosuras do Velho Chico*, de autoria de Lalau e ilustrado por Laurabeatriz.

Além desse livro, a dupla Lalau e Laurabeatriz tem diversos livros publicados voltados para o público infantojuvenil.

Capa do livro *Formosuras do Velho Chico*, de Lalau e Laurabeatriz, publicado pela editora Peirópolis, 2015.

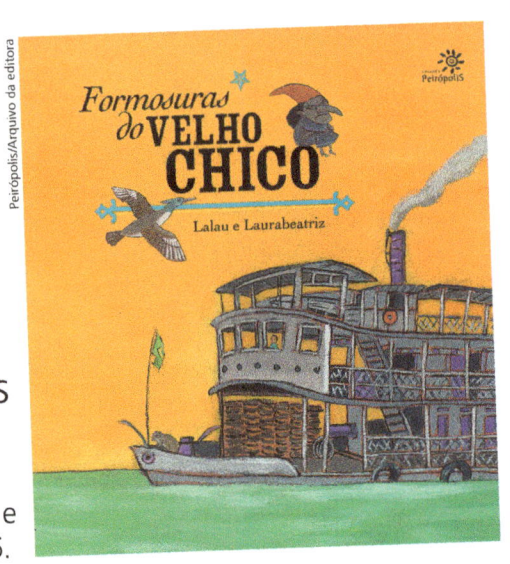

Palavras: significados e usos

Variação linguística geográfica

1. Leia a tirinha a seguir.

Quadro 1: — EU VI VOCÊ DEIXAR CAIR O PAPEL!

Quadro 2: — POR QUE NÃO CUIDA DA SUA VIDA, GURI? — ESTOU CUIDANDO!

Quadro 3: — ESTE É O MEU PLANETA... ...COROA!

Armandinho três, de Alexandre Beck. Florianópolis: A. C. Beck, 2014. p. 9.

Que palavra o homem usou para se dirigir a Armandinho?

_____

2. Releia um trecho da reportagem das páginas **182** e **183**.

> Na infância, o menino passava horas às voltas com a construção de carrinhos de lata. "E faço até hoje", conta.

Que palavra a repórter usou para se referir a Maneloião?

_____

Na tirinha e na reportagem foram empregadas duas palavras diferentes para se referir a uma criança do sexo masculino:

- **menino** — usada em grande parte do Brasil;
- **guri** — usada em parte da Região Sul do país.

A nossa língua pode variar de acordo com a região dos falantes. Essa variação recebe o nome de **variação linguística geográfica**.

Em cada região do Brasil, é possível notar o uso da língua portuguesa com características próprias de sua população local. Isso revela a riqueza e a diversidade da nossa língua. Por isso, falar de maneira diferente não é falar errado!

3. Observe algumas falas a seguir.

> TU QUERES **BERGAMOTA**, GURI?

> BORA ACULÁ COMPRAR UM **BOMBOM**?

> ÉGUA, TÁ DOIDO, VIU SÓ AQUELA **JACINTA**?

> CARACA, ESSA **BOLINHA DE GUDE** É MANEIRA!

Ilustrações: Waldomiro Neto

Veja outros nomes que as palavras destacadas nos balões podem receber em diferentes regiões do país e pinte os balões de fala de acordo com a legenda.

- 🔵 Bolita, bola de vidro, biloca, cabeçulinha, ximbra, marraio.

- 🟡 Bala, caramelo, confeito, queimado.

- 🔴 Tangerina, poncã, maricote, tanja, laranja-cravo, carioquinha, mexerica, mimosa.

- 🟢 Libélula, helicóptero, zique-zigue, lavadeira, catirina, cachimbal, assa-peixe.

4. Observe as imagens a seguir e os nomes que os elementos retratados recebem em algumas regiões do Brasil.

menino garoto guri piá	rotatória rótula redondo	pipa pandorga papagaio
mandioca aipim macaxeira	sinal farol semáforo	ata pinha fruta-do-conde

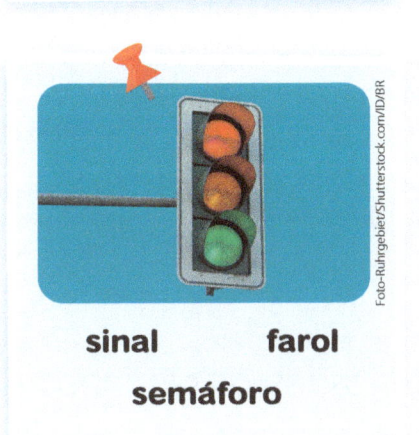

• Contorne a palavra que você utiliza em sua região ou escreva-a, caso não seja nenhuma das opções.

Lá vem canção

Agora você vai ouvir a canção "Qui nem jiló", escrita por Luiz Gonzaga e Humberto Teixeira e interpretada por Gilberto Gil. Será que você consegue identificar nela uma marca de variação linguística geográfica?

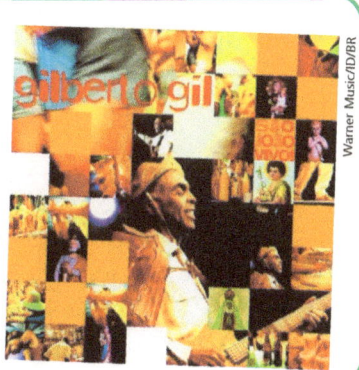

Capa do CD *São João Vivo!*, de Gilberto Gil, produzido por Warner Music, 2001.

Cento e oitenta e nove **189**

Estudando a língua

Adjetivo

1. Uma pessoa escreveu dois anúncios classificados sobre os carrinhos de brinquedo que ela produz e precisa decidir qual dos dois publicará no jornal. Leia-os.

A

VENDEM-SE

Carrinhos. Opção para presentear crianças e colecionadores.

Tratar com Murilo. Telefone: 59865-4123.

B

VENDEM-SE

Carrinhos bonitos e coloridos. Ótima opção para presentear crianças criativas e colecionadores exigentes.

Tratar com Murilo. Telefone: 59865-4123.

Ilustrações: Luciane Mori

a. Como são caracterizados os carrinhos que estão sendo anunciados?

_____

b. Que tipo de opção de presente são os carrinhos?

_____

c. Os carrinhos são para presentear que tipo de crianças?

_____

d. Para que tipo de colecionadores eles são indicados?

_____

e. Em qual dos dois anúncios você buscou informações para responder às questões acima?

_____

f. Circule no anúncio **B** as palavras que estão sendo usadas para caracterizar os substantivos **carrinhos**, **opção**, **crianças** e **colecionadores**.

g. Em sua opinião, qual é a importância das palavras que você circulou no anúncio?

_____
_____
_____
_____

h. Qual dos dois anúncios você acha que o fabricante dos carrinhos deveria publicar? Por quê?

_____
_____
_____
_____

2. Releia o texto "O dom de Maneloião" e escreva as palavras que foram utilizadas para caracterizar os seguintes substantivos.

a. Olhos: _____

b. Chinelos: _____

c. Tarde: _____

d. Sorriso: _____

As palavras que indicam características são chamadas de **adjetivos**.

Cento e noventa e um **191**

Pratique e aprenda

1. Ligue cada substantivo ao adjetivo mais apropriado.

Substantivos	Adjetivos
coelho	chuvosos
Lua	lentas
cabelo	saborosos
tartarugas	cheia
lanches	orelhudo
dias	encaracolado

2. Escreva dois adjetivos para caracterizar cada pessoa e lugar apresentado abaixo.

a. Você: _____

b. Seu melhor amigo: _____

c. A pessoa responsável por você (pai, mãe, avô, avó, tio ou outra): _____

d. Sua escola: _____

e. A cidade em que você mora: _____

f. Sua casa: _____

3. Leia a notícia abaixo e responda às questões a seguir.

Invenção promete visão biônica

Após oito anos de estudos e US$ 3 milhões de investimentos em pesquisa, o médico canadense Garth Webb apresentou ao mercado um produto que promete acabar com os óculos para sempre. Trata-se de [...] uma lente corretiva biônica que torna a visão até três vezes melhor, promete corrigir a miopia e a hipermetropia e acabar com as dores de cabeça e o desconforto ao assistir a filmes 3D. Como exemplo, uma pessoa saudável que não enxerga a 10 metros vai passar a ver com nitidez a 30 metros de distância. Parecida com um pequeno botão, a lente artificial é implantada em uma microcirurgia de oito minutos, indolor e a *laser*, sem a necessidade de cortes, anestesia ou internação. Garth Webb ainda estuda quando colocar a lente à venda.

Invenção promete visão biônica. *Jornal Joca*, São Paulo, Magia de Ler, n. 93, abr. 2017. p. 8.

a. No título da notícia, o adjetivo **biônica** caracteriza o substantivo **visão**. Esse adjetivo está:

◯ no masculino. ◯ no singular.

◯ no feminino. ◯ no plural.

b. Por que esse adjetivo foi empregado dessa forma?

_____

_____

c. Identifique na notícia outro par de substantivo e adjetivo e indique se eles estão no masculino ou no feminino, no singular ou no plural.

_____

_____

Lendo uma receita

É possível conhecer a cultura de um povo também pela sua culinária. Como você imagina que o bolo da receita a seguir é feito? Vamos ler e descobrir.

Bolo de aipim

Ingredientes:

- 3 ovos
- 2 xícaras de chá de leite
- 2 xícaras de chá de açúcar
- 4 xícaras de chá de aipim ralado
- 2 colheres de sopa de manteiga
- 1 pacote (50 g) de queijo ralado
- 1 xícara de chá de coco ralado
- 1 colher de sopa de fermento em pó

Modo de fazer:

Bater no liquidificador os ovos e o leite. Adicionar o aipim, a manteiga e o queijo ralado. Em seguida, acrescentar o coco ralado e o fermento. Colocar a massa em uma forma untada e levar ao forno preaquecido por 50 minutos. Deixar esfriar e cortar no formato que desejar.

Bolo de aipim. Em: *Cocoricó*: receitas da fazenda. São Paulo: Melhoramentos, 2008. p. 70.

Estudando o texto

1. Qual é o objetivo do texto lido?

2. O modo de fazer o bolo é como você tinha imaginado? Comente com os colegas.

3. Com base na leitura do texto, você acha que essa receita é fácil ou difícil de ser preparada? Por quê?

4. As receitas costumam seguir uma estrutura para facilitar a compreensão do leitor.

   a. Além do título, quais partes compõem essa receita?

   _____

   _____

   b. No quadro a seguir, escreva a função de cada uma das partes dessa receita.

Título	
Ingredientes	
Modo de fazer	

5. Para que servem os números ao lado dos ingredientes da receita?

○ Para indicar a sequência em que devem ser usados na receita.

○ Para indicar a quantidade necessária de cada ingrediente para a receita.

○ Para indicar o preço dos ingredientes.

- Que outras grandezas de medida aparecem nessa receita e qual é a função de cada uma delas?

_____
_____
_____

6. Onde essa receita foi publicada?

_____
_____

- Onde mais é possível encontrar receitas?

_____
_____
_____

7. Para quais pessoas essa receita foi escrita?

_____
_____
_____

8. Releia o modo de fazer da receita.

> **Bater** no liquidificador os ovos e o leite. **Adicionar** o aipim, a manteiga e o queijo ralado. Em seguida, **acrescentar** o coco ralado e o fermento. **Colocar** a massa em uma forma untada e levar ao forno preaquecido por 50 minutos. **Deixar** esfriar e cortar no formato que desejar.

a. O que os verbos em destaque expressam nessa receita?
_____
_____

b. Escreva os verbos de outra forma que poderiam ser usados na receita, indicando instrução. Veja o exemplo.

bater	bata
adicionar	_____
acrescentar	_____
colocar	_____
deixar	_____

9. Veja ao lado a foto do principal ingrediente da receita que você leu. Que outras receitas é possível fazer utilizando esse alimento?
_____
_____
_____

Como se escreve?

Formação de palavras

1. Leia a tirinha a seguir e responda às questões.

"AGRADECEMOS O ENVIO DO SEU MATERIAL PARA NOSSA APRECIAÇÃO. INFELIZMENTE, ELE NÃO ATENDE ÀS NOSSAS EXIGÊNCIAS DE QUALIDADE.".

Minduim, de Charles M. Schulz. *O Estado de S. Paulo*, São Paulo, 5 nov. 2014. Caderno 2. p. C4.

a. O que aconteceu nessa tirinha?

b. Que registro linguístico o cachorro Snoopy utilizou na carta?

◯ Formal.

◯ Informal.

c. Qual foi a intenção de Snoopy ao devolver o alimento com uma carta escrita com esse registro linguístico?

◯ Fazer uma brincadeira com o fabricante do alimento.

◯ Fazer uma reclamação formal a seu dono sobre a qualidade do alimento recebido.

◯ Informar a seu dono que ele não se importa com a qualidade de seu alimento.

d. Após o agradecimento, que palavra Snoopy usou na carta para iniciar sua reclamação?

_____

198 Cento e noventa e oito

2. Observe a palavra abaixo.

> infelizmente

a. Essa palavra é formada com base em qual das palavras abaixo?

◯ Felino.   ◯ Feliz.

b. Que parte foi acrescentada no início dessa palavra?

_____

c. E que parte foi adicionada ao final dela?

_____

d. Assinale o sentido que essa palavra passou a ter ao receber essas duas partes.

◯ Demonstrar que quem a usa lamenta alguma coisa.

◯ Demonstrar a alegria de quem a utiliza.

◯ Revelar incerteza por parte de quem a usa.

Algumas palavras são formadas a partir de palavras já existentes, com a adição de **prefixos** (parte adicionada ao início da palavra) ou **sufixos** (parte adicionada ao final da palavra).

A palavra **infelizmente**, formada com base na palavra **feliz**, recebeu um prefixo (**in-**) e um sufixo (**-mente**).

Em alguns casos, pode haver perda ou acréscimo de letras na palavra para que prefixo ou o sufixo seja inserido. Veja.

filmar – ar + agem: filmagem

banana – a + eira: bananeira

Cento e noventa e nove **199**

Pratique e aprenda

1. Releia um trecho da reportagem "O dom de Maneloião" e responda às questões.

> Com latas de óleo de cozinha, chinelos velhos de borracha, pedaços de imburana (com madeira macia), fez numa tarde chuvosa um "carrinho com direção hidráulica".

a. A palavra **carrinho** é formada a partir de qual palavra?

_____

b. O sufixo **-inho** foi adicionado à palavra que você escreveu. O que significa a palavra **carrinho**?

_____

2. Observe o título do livro abaixo.

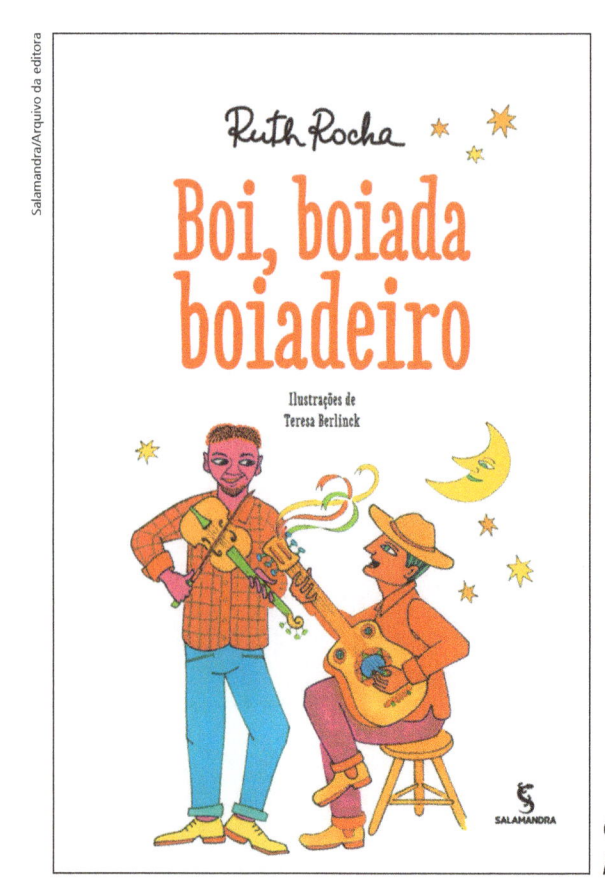

a. Que palavra desse título foi formada a partir da palavra **boi**?

_____

b. Que sufixo ela recebeu?

_____

c. Que palavra foi formada a partir da palavra **boiada**?

_____

d. Que sufixo ela recebeu?

_____

Capa do livro *Boi, boiada boiadeiro*, de Ruth Rocha.

e. O que a palavra **boiada** indica?

○ Conjunto de bois.

○ Um boi pequeno.

f. O que a palavra **boiadeiro** indica?

○ Lugar onde a boiada vive.

○ Profissional que trabalha com a boiada.

3. Encontre quatro palavras no diagrama abaixo.

M	O	T	O	R	T	S	Z	W
I	A	M	C	A	V	A	L	O
M	F	A	Z	E	R	L	O	D
C	U	I	D	A	D	O	W	A

4. Forme novas palavras com as palavras que você encontrou no diagrama, utilizando os prefixos e sufixos a seguir. As dicas podem ajudar você.

prefixos	sufixos
re-; bi-.	-aria; -oso.

a. Algo que tem dois motores: _____

b. Conjunto de cavalos: _____

c. Fazer novamente: _____

d. Característica de quem tem cuidado: _____

Duzentos e um **201**

Produção oral e escrita

Registrar uma receita culinária e gravar um vídeo

Você e um colega vão pesquisar e registrar uma receita para depois prepará-la e gravá-la em um vídeo. Os vídeos com as receitas serão publicados no *blog* da turma para que outras pessoas aprendam as delícias preparadas por vocês.

Planejem

- Pensem em um prato de que você e seu colega gostem e que seja fácil de ser preparado.
- Pesquisem a receita desse prato em livros, *sites* de culinária ou com os familiares de vocês.
- Anotem as seguintes informações sobre a receita.

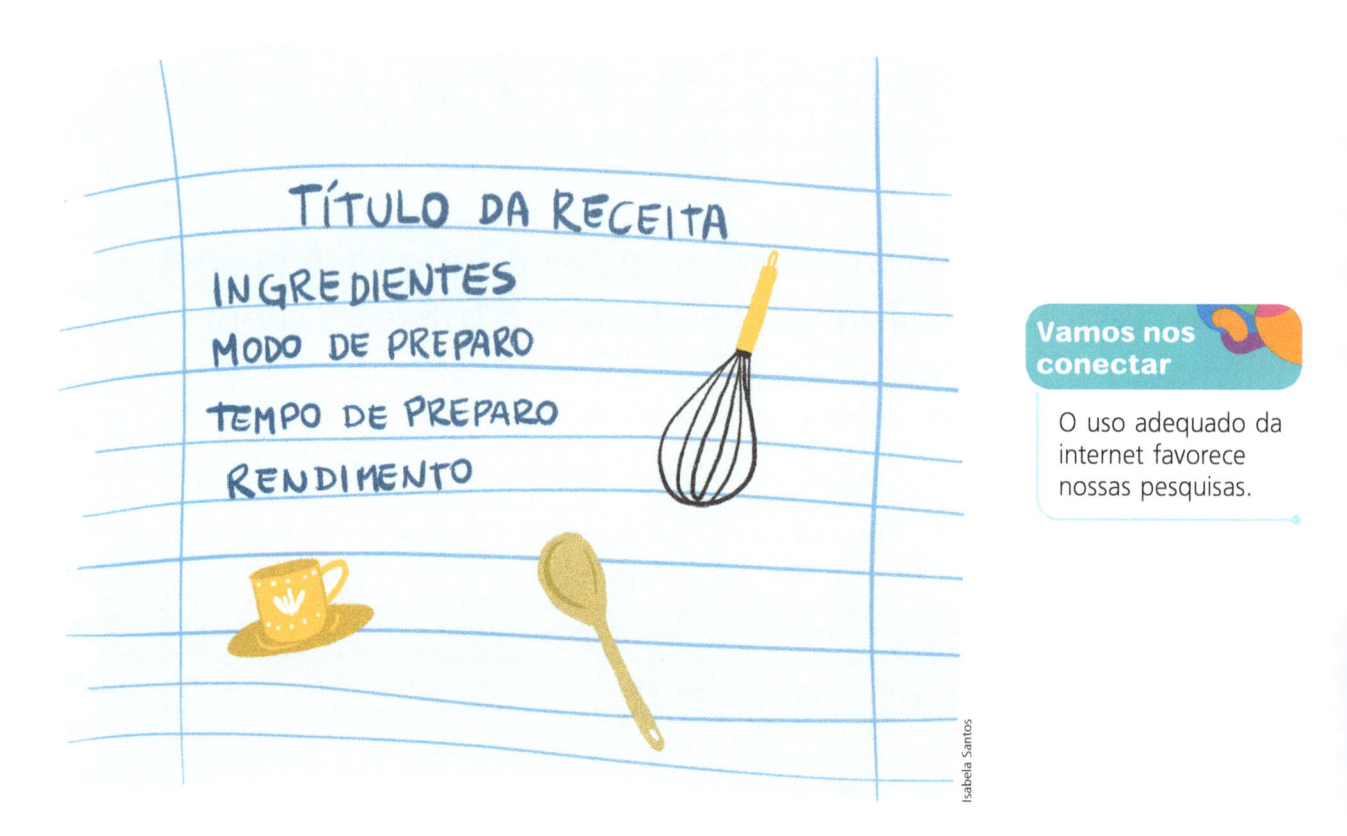

TÍTULO DA RECEITA
INGREDIENTES
MODO DE PREPARO
TEMPO DE PREPARO
RENDIMENTO

Isabela Santos

Vamos nos conectar

O uso adequado da internet favorece nossas pesquisas.

- Pesquisem uma imagem para ilustrar a receita. Se preferirem, vocês podem fazer desenhos.

Escrevam

- Registrem o título (o nome do prato).
- Listem os ingredientes necessários com a quantidade de cada um deles.
- No modo de preparo, ressaltem as ações que devem ser realizadas. Utilizem verbos que indiquem um pedido. Veja alguns exemplos abaixo.

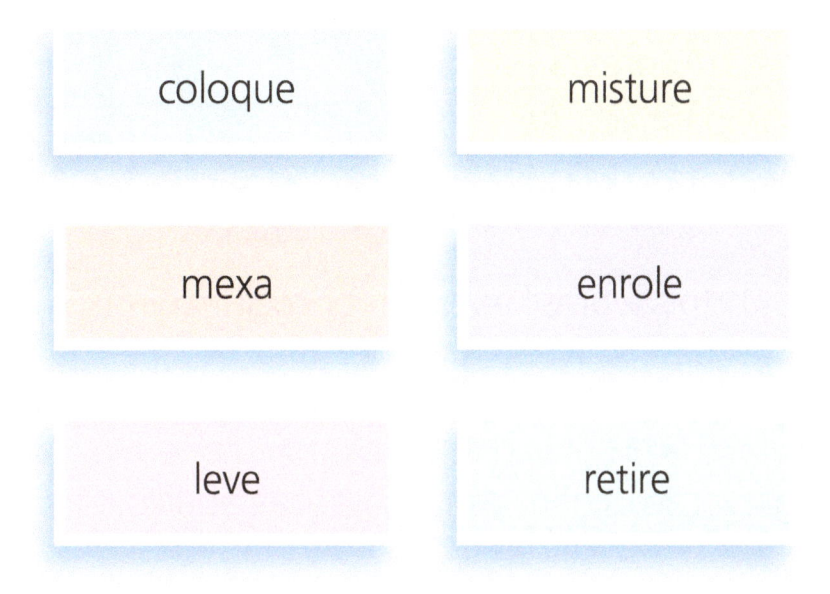

coloque	misture
mexa	enrole
leve	retire

- Empreguem frases curtas.
- Organizem as etapas de acordo com a sequência que é apresentada na receita.
- Indiquem o tempo de preparo e o rendimento dela.

Revisem

Releiam a receita verificando se ela apresenta todos os itens necessários. Vejam também se as etapas foram ordenadas corretamente e se o texto está claro.

Reescrevam

Passem a receita a limpo, fazendo todas as melhorias necessárias. Se possível, digite-a em um computador. Por fim, coloquem uma imagem para ilustrá-la.

Apresentem

Chegou a hora de ensinar outras pessoas a preparar o prato escolhido. Para isso, vocês vão gravar o preparo dele.

Aprenda mais!

Assistam aos episódios da série "Cozinhadinho", apresentada pela nutricionista Andrea Santa Rosa, que, acompanhada de algumas crianças, faz deliciosas receitas.

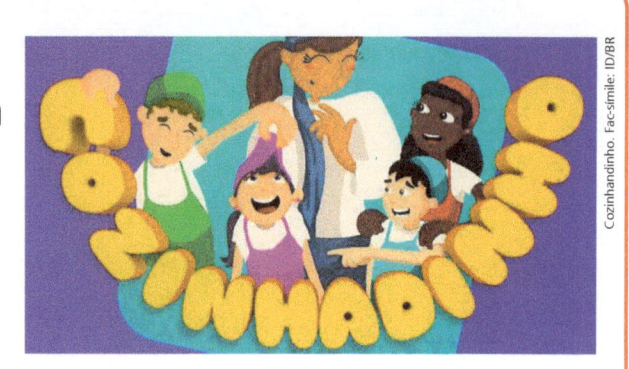

<http://tvbrasil.ebc.com.br/cozinhadinho>
Acesso em: 26 fev. 2020.

Antes da gravação, sigam as orientações abaixo.

- Providenciem todos os ingredientes.
- Organizem o local onde vocês farão a receita.
- Lavem bem as mãos e coloquem toucas de cozinha. Se possível, utilizem aventais.

O professor vai auxiliá-los durante a realização da receita, manuseando instrumentos como faca e fogão. É muito importante seguir cada uma das etapas para obter o resultado final com sucesso.

No início da gravação, digam seus nomes e apresentem o prato que vão preparar.

À medida que forem preparando a receita, mostrem item por item para a câmera.

Ao final, mostrem o prato finalizado.

Com a ajuda do professor, publiquem as receitas no *blog* da turma e façam a divulgação para que outras pessoas aprendam as delícias preparadas por vocês.

Avaliem

	Sim	Não
Pesquisamos uma receita que agradou os dois integrantes da dupla?		
Registramos a receita seguindo a estrutura do gênero?		
Realizamos todas as etapas da receita durante a gravação?		

Ponto de chegada

1. Escreva o nome que as brincadeiras abaixo têm na região em que você mora.

   _____   _____

   _____   _____

2. Escreva um adjetivo para cada substantivo a seguir.

   Dica Lembre-se de que o adjetivo deve concordar com o substantivo.

   menino   cachorro   árvores

   _____   _____   _____

3. Forme palavras acrescendo os sufixos e prefixos indicados a seguir.

   a. capaz (prefixo **in-**): _____

   b. folha (sufixo **-agem**): _____

   c. dente (sufixo **-ista**): _____

   d. fazer (prefixo **-re**): _____

unidade

8 Cuidando do meio ambiente

À deriva, de Jaime Prades. Instalação no Parque Ibirapuera, São Paulo, 2014.

Ponto de partida

1. O que o artista retratou nesta obra de arte?
2. Que materiais você identifica na composição desta obra?
3. Há artistas que criam suas obras com sucata. Se você fosse um desses artistas, o que criaria?

Lendo um anúncio de propaganda

Veja no anúncio a seguir uma atitude que podemos tomar para cuidar do nosso planeta.

SEPARE O LIXO E ACERTE NA LATA.

Latas
Papéis
Plástico
Vidro

↓ SECO

Restos de comida
Cascas e ossos
Pó de café e chá
Galhos e podas

↓ ÚMIDO

Saiba mais no **separeolixo.com**

Ministério do Desenvolvimento Social e Combate à Fome
Ministério do Meio Ambiente
GOVERNO FEDERAL BRASIL — PAÍS RICO É PAÍS SEM POBREZA

Separe o lixo e acerte na lata, de Ministério do Desenvolvimento Social e Combate à Fome e Ministério do Meio Ambiente.

podas: ramos de plantas, galhos e folhas de árvore que são cortados

Estudando o texto

1. Que atitude para ajudar a cuidar do meio ambiente é apresentada nesse anúncio?

2. Observe as duas lixeiras apresentadas no anúncio.

[SECO] [ÚMIDO]

a. Circule a lixeira cujos materiais podem ser reciclados.
b. Pinte os resíduos que podem ser depositados na lixeira que você circulou.

| Restos de comida | Papéis | Plástico | Galhos e podas |

| Latas | Cascas e ossos | Pó de café e chá | Vidro |

3. Qual é a relação entre o texto escrito e as imagens do anúncio lido?

○ A mensagem é transmitida pelo texto escrito e as imagens são somente decorativas, ou seja, só "enfeitam" o anúncio.

○ Tanto o texto escrito quanto as imagens transmitem a mensagem, pois um complementa o outro.

4. Por que o texto do anúncio está escrito com letras grandes?

_____

_____

5. Qual é o objetivo desse anúncio de propaganda?

○ Convencer o leitor a comprar lixeiras.

○ Vender materiais reciclados.

○ Convencer as pessoas a separar os resíduos.

6. Quem é o público-alvo desse anúncio, ou seja, para quais pessoas ele foi produzido?

_____

_____

_____

7. Preencha o quadro abaixo com nomes de locais públicos onde esse anúncio poderia ser fixado.

8. Localize, no anúncio, as instituições que promoveram essa campanha e circule-as.

9. O papel em que o anúncio foi feito imita papel reciclado. Com que intenção ele teria sido feito assim?

○ Para representar a ideia divulgada pelo anúncio: separar resíduos para ser reciclados, dando origem a novos produtos.

○ Para mostrar que o papel reciclado é mais bonito que o papel comum, sendo, portanto, o mais adequado para um anúncio.

10. Releia um trecho do anúncio.

SEPARE O LIXO E ACERTE NA LATA.

Ministério do Desenvolvimento Social e Combate à Fome/ Ministério do Meio Ambiente/ Governo Federal

a. A expressão **acerte na lata**, nesse caso, apresenta dois sentidos. Quais são eles?

_____

_____

_____

b. Que ideia os verbos **separe** e **acerte** apresentam?

◯ Pedido ou ordem.

◯ Dúvida.

11. O texto que você leu é um anúncio de propaganda. Marque um **X** na alternativa que apresenta o objetivo dos anúncios de propaganda.

◯ Divulgar uma ideia e conscientizar o leitor.

◯ Vender um produto comercial.

Divirta-se e aprenda

Separação de materiais

Você sabia que também há lixeiras com cores diferentes para cada tipo de material?

Destaque as lixeiras das páginas **243** a **247**. Depois, destaque os **adesivos** com os resíduos da página **251** e cole-os nas lixeiras conforme a cor e o material.

Comparando textos

Leia o anúncio publicitário a seguir.

As imagens e os textos presentes nesta coleção apresentam finalidade didática, sem objetivo de promover qualquer tipo de produto ou empresa.

Preservamos o hoje para garantir o amanhã

Dê preferência à madeira de reflorestamento em sua obra.
Preservar o meio ambiente é um compromisso de todos nós.

Estamos sempre buscando novos parceiros em todo Brasil.
Seja um revendedor ou representante dos nossos produtos!

Plante essa semente e venha crescer conosco.

Av. Américo Roder, 1565 - D. I. Michiyoshi Suzuki
Santa Cruz do Rio Pardo - SP - Fone: 14 3332-6080
contato@madtrat.com.br - www.madtrat.com.br

MADTRAT — MADEIRAS TRATADAS

Preservamos o hoje para garantir o amanhã, de Madtrat, 2015.

1. Qual é o objetivo desse anúncio?

2. Quem é o público-alvo desse anúncio?

3. Que cor predomina nesse anúncio? Por que ela foi utilizada?

4. Circule a marca da empresa que promoveu esse anúncio.

212 Duzentos e doze

5. Onde esse anúncio poderia ser encontrado?

◯ Em revistas.

◯ Em jornais.

◯ Na televisão.

6. Releia um trecho do anúncio.

> Plante essa semente e venha crescer conosco.

De que forma esse trecho se relaciona com a imagem principal?

_____

_____

_____

7. Qual é a mensagem transmitida nos dois anúncios lidos nesta unidade?

◯ A mensagem de que precisamos preservar o meio ambiente.

◯ A mensagem de que as pessoas devem plantar mais árvores.

8. Ligue os tipos de anúncio aos seus respectivos objetivos.

Anúncio publicitário

Anúncio de propaganda

Convencer o leitor a comprar o produto anunciado.

Promover, sem fins lucrativos, ideias, comportamentos e atitudes.

Promover uma marca comercial.

Estudando a língua

Pronomes

1. Leia o artigo abaixo e responda às questões.

Ilha de lixo

Garrafas vazias, embalagens usadas, tudo que fica na praia ou é jogado no mar é levado pelas ondas. A Agência Espacial Americana (Nasa) divulgou imagens de satélite de várias ilhas de plástico gigantescas que se formaram em cinco pontos do oceano. Essas ilhas são formadas principalmente no Pacífico, onde as correntes marinhas se encontram.

Elas têm mais de 5 trilhões de pedaços de plásticos flutuando, ou cerca de 269 mil toneladas de resíduos. Além de matar peixes e outras espécies marinhas, o lixo contamina a água e afeta o que comemos.

Ilha de lixo. *Jornal Joca*, São Paulo, Magia de Ler, n. 94, maio 2017. p. 11.

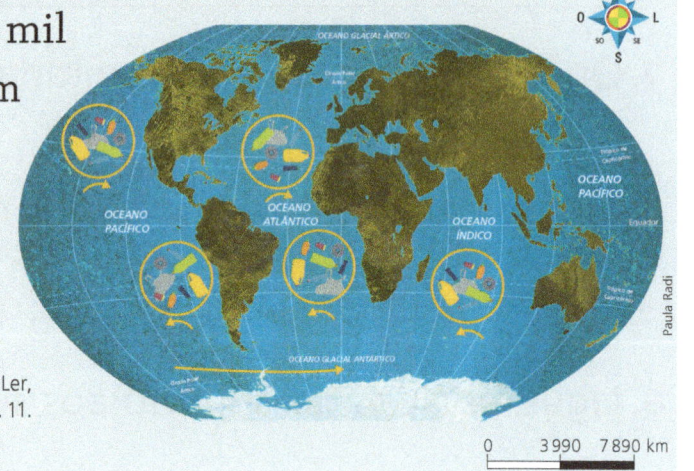

a. O que mais chamou sua atenção nesse artigo?

b. O que causa a formação de ilhas de plástico nos oceanos?

c. Quais são as outras consequências do plástico que é levado pelas ondas do mar?

d. Em sua opinião, que atitudes devem ser tomadas para evitar a formação dessas ilhas de plástico?

2. Releia um trecho do artigo.

> **Elas** têm mais de 5 trilhões de pedaços de plásticos flutuando, ou cerca de 269 mil toneladas de resíduos. Além de matar peixes e outras espécies marinhas, o lixo contamina a água e afeta o que comemos.

A palavra em destaque:

○ retoma o termo **ondas**, evitando uma repetição desnecessária no texto.

○ retoma o termo **ilhas de plástico gigantescas**, evitando uma repetição desnecessária no texto.

○ retoma o termo **garrafas vazias, embalagens usadas**, evitando uma repetição desnecessária no texto.

A palavra **elas** é um **pronome**.

Pronomes são palavras que podem retomar algum termo no texto ou fazer referência a algo que já foi dito, evitando repetições desnecessárias.

Veja no quadro abaixo alguns exemplos de pronomes.

> eu • ele • ela • nós • eles
> elas • meu • minha • seu • sua
> seus • suas • nosso • nossa • nossos
> nossas • esse • isso • aquilo

Duzentos e quinze **215**

Pratique e aprenda

1. Leia o artigo a seguir e saiba de que forma as árvores contribuem para o meio ambiente.

[...]

A importância das árvores

Além de reter o dióxido de carbono (CO_2), que em excesso contribui para o aquecimento global, elas fornecem a maior parte do oxigênio de que precisamos para sobreviver. Assim, contribuem para diminuir a poluição e ajudam a reduzir casos de asma, de câncer de pele e até de doenças relacionadas ao estresse. E tem outra coisa: Quem não gosta de aproveitar a sombra de uma árvore para brincar, ler um bom livro ou fazer um piquenique?

Achou muito? Pois fique sabendo que ainda tem mais:

• As árvores ajudam a reduzir em até 10% o consumo de energia porque as folhas e as raízes contribuem para o controle do clima. As folhas ajudam a reduzir a temperatura. Elas liberam umidade no ar. Tudo isso acontece sem que a gente consiga ver, mas uma árvore, sozinha, pode liberar 150 mil litros de água no meio ambiente por ano! Isso faz com que o clima fique mais agradável e diminua o uso de ventiladores e ar condicionado.

• Desenvolvem um papel importantíssimo no ecossistema, pois são responsáveis por manter mais de 50% da biodiversidade, variedade de formas de vida que podemos encontrar na terra como plantas, aves, mamíferos, insetos, etc.

• Diminuem a poluição sonora e os ventos, mantendo a umidade do ar e a regularidade das chuvas.

- Suas folhas podem ser usadas em medicamentos e chás.
- Produzem frutas, flores, sementes, fibras, madeira, látex, resinas e pigmentos.
- Geram saúde dos solos e evitam erosão com suas raízes.

Dia da árvore. *Plenarinho*, Brasília, 19 set. 2017. Descubra! Disponível em: <https://plenarinho.leg.br/index.php/2017/09/19/dia-da-arvore/>. Acesso em: 24 nov. 2017.

a. Qual informação do texto mais chamou sua atenção? Por quê?

b. Na coluna **A**, abaixo, estão alguns trechos do artigo com pronomes em destaque. Na coluna **B**, estão as informações do texto que esses pronomes retomam. Ligue as duas colunas fazendo a associação correta entre elas.

A

[...] **elas** fornecem a maior parte do oxigênio [...]

Elas liberam umidade no ar.

Isso faz com que o clima fique mais agradável [...]

B

A liberação de mais de 150 mil litros de água no meio ambiente por ano.

As árvores.

As folhas.

c. Releia os três últimos itens do texto e observe o pronome **suas**, empregado em "suas folhas" e "suas raízes". O uso do pronome **suas** possibilita saber de quem são as folhas e as raízes? Explique.

_____

_____

Duzentos e dezessete **217**

Lendo uma história em quadrinhos

Leia, a seguir, o título da história em quadrinhos. Do que você acha que ela vai tratar?

Converse sobre isso com os colegas e, depois, leia a história do personagem Cascão.

Cascão em NADA DENTRO

— UÉ! UMA LATA!

— VAZIA!
— VAI PRO LIXO!

— OUTRA! VAZIA!

218 Duzentos e dezoito

FORA!
OUTRA!
VAZIA! VAZIA! VAZIA!
VAI TUDO PRO LIXO!
POF
SERVIÇO FEITO!

Cascão em: nada dentro, de Mauricio de Sousa. *Turma da Mônica*, São Paulo, Panini Comics, n. 4, 2009. p. 76-78.

É... MAS, PELO JEITO, NÃO SÃO SÓ AS LATAS QUE ESTÃO VAZIAS!

O personagem Cascão faz parte da *Turma da Mônica*, que foi criada por Mauricio de Sousa, e há muitas gerações diverte crianças de todas as idades. Mauricio nasceu em São Paulo e é um dos mais famosos cartunistas brasileiros. Ele já recebeu diversos prêmios nacionais e internacionais.

Mauricio de Sousa e seus personagens.

Estudando o texto

1. O assunto da história em quadrinhos, também conhecida como HQ, é sobre o que você imaginou? Comente.

2. Por que, no título da HQ, a palavra **nada** está escrita com as letras pontilhadas e sem cor?

3. Qual foi a atitude de Cascão ao ver as latinhas vazias jogadas no chão?

_____

_____

- Em sua opinião, por que ele teve essa atitude?

_____

_____

_____

4. Reveja abaixo o balão de fala no primeiro quadrinho. Agora, escreva o que Cascão poderia estar pensando ou falando no segundo quadrinho.

_____

_____

_____

Duzentos e vinte e um **221**

5. Veja abaixo alguns tipos de balão que costumam ser utilizados em HQs. Em seguida, ligue cada um ao tipo de ação que representa.

- Pensamento
- Grito
- Cochicho
- Fala

6. Volte à história em quadrinhos e responda: quais são os tipos de balão que aparecem nela?

_____

_____

7. Observe a palavra **POF** no quadrinho abaixo.

O que essa palavra representa?

◯ O barulho das latas caindo na lixeira.

◯ A tosse do Cascão.

8. No quadrinho abaixo, aparecem algumas linhas e fumaças ao redor das mãos de Cascão.

O que isso representa?

○ O barulho das mãos do Cascão, como se estivesse batendo palmas.

○ A sujeira que saiu das mãos do Cascão, por causa do movimento que ele fez.

9. Reveja os quadrinhos abaixo.

O que a expressão de Cascão revela sobre o que ele está sentindo no segundo quadrinho?

_____

_____

Duzentos e vinte e três **223**

10. Veja novamente o quadro final da história.

a. Marque os recursos que aparecem nesse quadro.

◯ Balão de fala.

◯ Palavras que representam sons.

◯ Balão de pensamento.

◯ Linhas para indicar movimento.

b. De acordo com a fala e o pensamento de Cascão, o que mais está vazio, além das latas?

_____

• Por que Cascão fez essa comparação?

_____
_____

11. Qual é a crítica feita na história em quadrinhos que você leu?

_____
_____

Por dentro do tema

Educação ambiental

Seja consciente: preserve o meio ambiente!

Você já pensou nas consequências que o desenvolvimento econômico e urbano gera para o nosso planeta? Observe o cartum a seguir.

Limpador, de Pawel Kuczynski. *Catraca Livre*. Disponível em: <https://catracalivre.com.br/geral/arte-e-design/indicacao/artista-polones-coloca-a-historia-em-cheque-por-meio-de-imagens-belas-e-impactantes/>. Acesso em: 26 out. 2017.

Todos nós somos responsáveis pelas transformações do meio ambiente. Precisamos pensar em novas maneiras de agir de forma consciente e sustentável, para que a natureza seja preservada.

a. O que está sendo retratado na imagem acima?

b. Junte-se a um colega e façam uma pesquisa sobre atitudes que podem colaborar para a conservação do meio ambiente. Façam uma lista com dez dessas atitudes.

Duzentos e vinte e cinco **225**

Como se escreve?

Letras e e o em final de palavras

1. Leia as palavras a seguir.

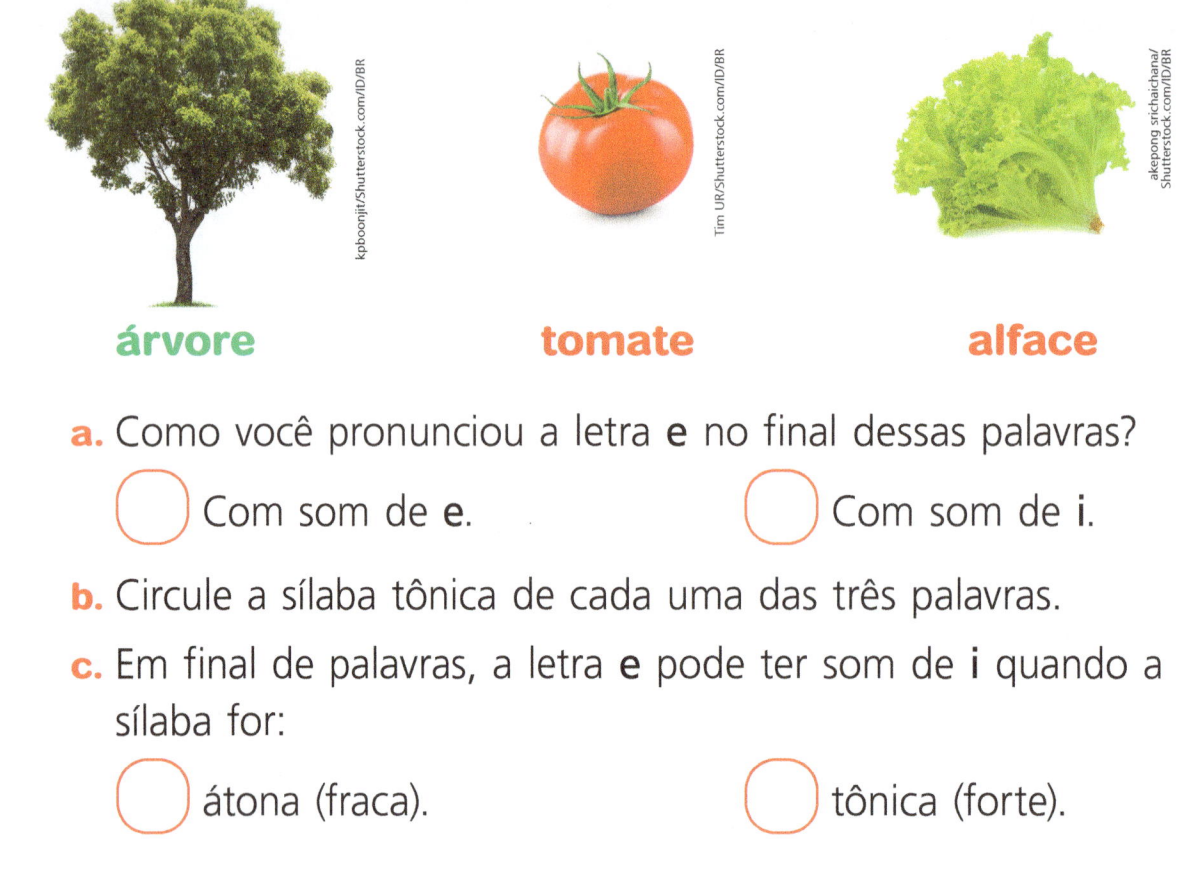

árvore   **tomate**   **alface**

a. Como você pronunciou a letra **e** no final dessas palavras?

◯ Com som de **e**.   ◯ Com som de **i**.

b. Circule a sílaba tônica de cada uma das três palavras.

c. Em final de palavras, a letra **e** pode ter som de **i** quando a sílaba for:

◯ átona (fraca).   ◯ tônica (forte).

2. Agora, leia estas outras palavras.

barco   **dado**   **hipopótamo**

a. Como você pronunciou a letra **o** no final dessas palavras?

◯ Com som de **o**.   ◯ Com som de **u**.

b. Circule a sílaba tônica de cada palavra que você pronunciou.

c. Em final de palavras, a letra **o** pode ter som de **u** quando a sílaba for:

◯ átona (fraca). ◯ tônica (forte).

3. Pronuncie em voz alta as seguintes palavras.

café

purê

dominó

vovô

a. A letra **e** nas palavras **café** e **purê** tem som de **e** ou de **i**?

_____

b. A letra **o** nas palavras **dominó** e **vovô** tem som de **o** ou de **u**?

_____

c. Circule a sílaba tônica de cada uma dessas palavras.

d. Em final de palavras, a letra **e** tem som de **e** e a letra **o** tem som de **o** quando a sílaba for:

◯ átona (fraca). ◯ tônica (forte).

Se as letras **e** e **o** estiverem na última sílaba de uma palavra e essa sílaba for átona, a letra **e** pode ter som de **i**, e a letra **o** pode ter som de **u** em algumas regiões do Brasil.

Quando as letras **e** e **o** estiverem na última sílaba de uma palavra e essa sílaba for tônica, a letra **e** terá som de **e** e a letra **o** terá som de **o**.

Pratique e aprenda

1. Escreva o nome de cada imagem a seguir.

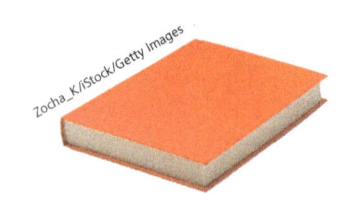

a. Circule a sílaba tônica de cada palavra que você escreveu. Depois, leia-as em voz alta.

b. Como você pronunciou as letras **e** e **o** nas palavras cuja sílaba tônica não é a última?

◯ Com som de **e** e **o**. ◯ Com som de **i** e **u**.

c. Como você pronunciou as letras **e** e **o** nas palavras cuja sílaba tônica é a última?

◯ Com som de **e** e **o**. ◯ Com som de **i** e **u**.

2. Descubra as respostas das adivinhas abaixo e complete o diagrama.

A
Quebro sempre um galho. Meu xará ajuda os motoristas quando fura um pneu do carro.

Adivinha popular.

B
Sou verde, mas não sou planta. Falo, mas não sou gente. Só me resta ser obediente.

Adivinha popular.

C
Sou alegre e fofinho. Na Páscoa me pedem: "Me traz um ovinho?".

Adivinha popular.

D
A tromba é minha marca fascinante. Se me tiram o F e colocam o G, fico elegante.

Adivinha popular.

E
Posso ser do rio ou do mar. Meu destino é passar a vida a nadar.

Adivinha popular.

F
De pescoço comprido, flutuo no lago. Pareço um enfeite emplumado.

Adivinha popular.

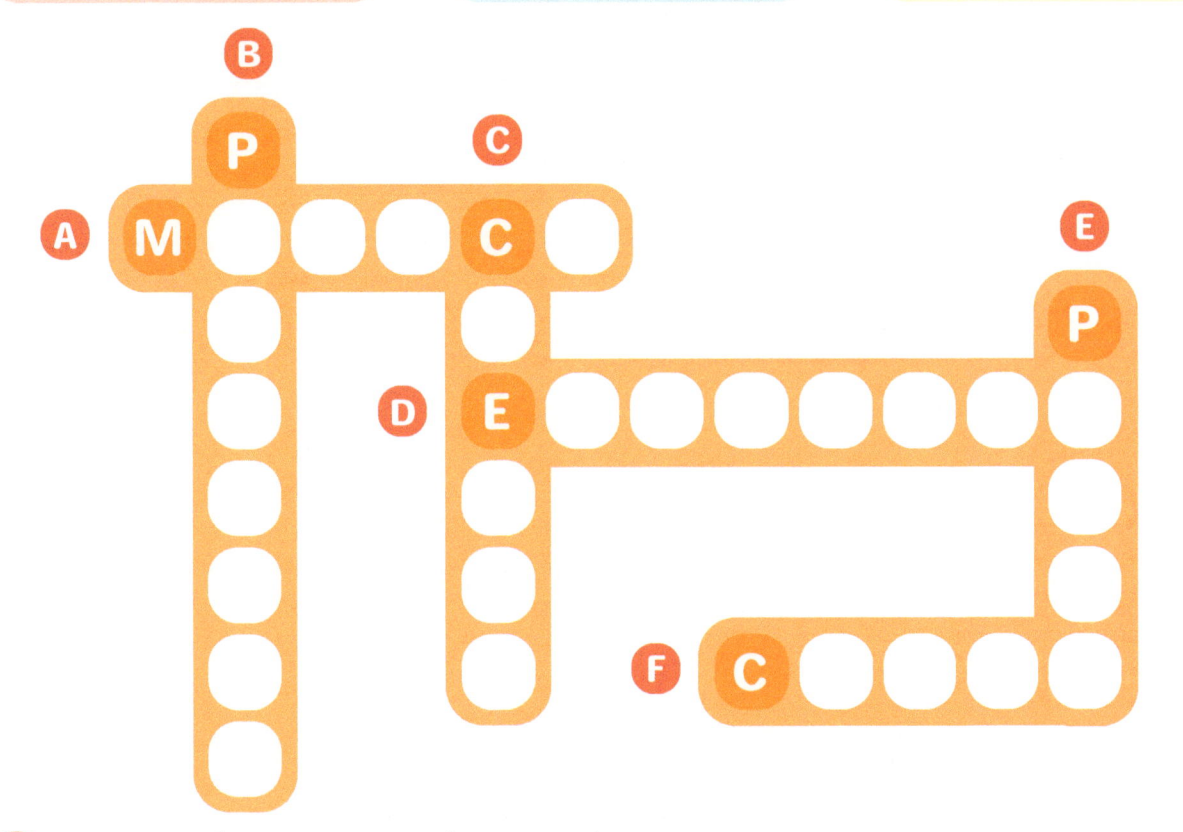

• Agora, leia em voz alta as palavras que você escreveu.

Produção oral

Realizar debate

Leia a tirinha a seguir.

Turma da Mônica, de Mauricio de Sousa. Disponível em: <http://turmadamonica.uol.com.br/>. Acesso em: 27 nov. 2017.

Trocando ideias

1. O que Cebolinha pretendia ao produzir a placa?

2. Qual era a intenção da mãe de Cebolinha ao dizer que é preciso cuidar primeiro do quarto para, depois, cuidar do mundo?

Que tal expor sua opinião e conhecer a opinião dos colegas sobre atitudes que ajudam a zelar pela nossa casa, nossa escola, nosso bairro? Para isso, vocês vão realizar um **debate**, isto é, uma troca de ideias e opiniões.

Planejem

Formem grupos para discutir as seguintes questões.

- Estamos cuidando adequadamente do lugar onde vivemos e frequentamos? De que maneira?
- Existe algo que podemos fazer para preservar ou melhorar o meio ambiente? O quê?
- Podemos mudar alguns hábitos? Quais?

Realizem

- Ao exporem suas opiniões, usem argumentos, isto é, explicações sobre por que vocês pensam dessa maneira.
- Vocês podem usar as expressões destacadas no exemplo a seguir.

Vamos argumentar

Bons argumentos contribuem para ações que preservam o planeta.

NA MINHA OPINIÃO, QUANDO ESTAMOS NA RUA, DEVEMOS JOGAR OS RESÍDUOS EM UMA LIXEIRA, **PORQUE**, SE TODO MUNDO JOGAR NA RUA OU NA CALÇADA, ELES PODERÃO ENTUPIR OS BUEIROS E CAUSAR ENCHENTES.

- Caso discordem do comentário de alguém, esperem a vez de falar e apresentem o ponto de vista do grupo, de forma respeitosa.

Ao final, vocês poderão conversar sobre as opiniões expostas e verificar se alguém mudou de ideia em relação a algum assunto e quais foram os principais pontos discutidos.

Avaliem

	Sim	Não
Discutimos as questões propostas?		
Utilizamos argumentos para defender nossa opinião?		
Respeitamos a opinião dos outros grupos?		

Duzentos e trinta e um **231**

Produção escrita

Produzir anúncio de propaganda

Em grupos, você e os colegas vão produzir um anúncio de propaganda sobre preservação ambiental. Ele será fixado na escola para que mais pessoas possam ser conscientizadas.

Vamos criar

Com a criatividade, podemos combinar palavras, frases, cores e imagens para convencer o leitor a tomar atitudes para melhorar o mundo.

Planejem

- Relembrem as atitudes de preservação do meio ambiente e escolham uma.
- Pesquisem mais sobre o assunto em livros e na internet.
- Pensem em um título para o anúncio.
- Pensem em textos curtos e em imagens que vão fazer parte dele.
- Separem os materiais para a confecção do anúncio.

Fotos: Enis Aksoy/iStock/Getty Images

Escrevam

- Escrevam o título com letras grandes e com destaque.
- Escrevam o restante do texto. Lembrem-se de usar palavras que indiquem pedido, conselho ou ordem, como **jogue** e **não polua**.

232 Duzentos e trinta e dois

- Definam as cores que serão utilizadas no anúncio.
- Façam desenhos ou separem recortes para ilustrá-lo.

Revisem

Verifiquem se:

- o título chama a atenção;
- o texto está curto, claro e convincente;
- as imagens escolhidas estão de acordo com o texto.

Reescrevam

Passem o anúncio a limpo em uma cartolina, fazendo as adequações necessárias.

Finalizado o anúncio de cada grupo, em um dia marcado pelo professor, vocês poderão fixá-los em diversos locais da escola.

Avaliem

	Sim	Não
Planejamos o anúncio com base nas questões discutidas?		
Produzimos o anúncio com letras grandes, texto curto e imagens relacionadas ao texto?		
Revisamos o anúncio, passamos o texto a limpo e incluímos as imagens?		

Ponto de chegada

1. Reescreva as frases a seguir substituindo a palavra ou a expressão repetida por um pronome.

   a. Maria estuda comigo. Maria é minha melhor amiga.

   _____

   _____

   b. As pessoas precisam se preocupar com o meio ambiente. As pessoas devem produzir menos resíduos.

   _____

   _____

   c. Eu e meus amigos não jogamos resíduos no chão. Eu e meus amigos respeitamos a natureza.

   _____

   _____

2. Escreva o nome de cada um dos alimentos a seguir.

   _____   _____

   _____   _____

Fazendo e acontecendo

Brinque de poesia

Neste livro, você entrou em contato com alguns poemas. Que tal ler mais um e desenvolver algumas atividades para conhecer outros poemas e compartilhá-los com a comunidade escolar e seus familiares? Vamos lá!

Um jeito bom de brincar

[...]

A roda-gigante só tremia?
O seu gato só ronca e mia?
Viu um leão loiro na padaria?
Riu de um palhaço que não ria?
BRINQUE DE POESIA.

Curte a natureza em harmonia?
Ouve os pássaros em cantoria?
Ama as ondas do mar em calmaria?
Olha a vida com muita alegria?
BRINQUE DE POESIA.

Quer rimar noite e dia?
Descobriu das palavras a melodia?
Gosta de embarcar na fantasia?
Cedo, tarde, noite, todo dia:
BRINQUE DE POESIA.

Um jeito bom de brincar, de Elias José. Ilustrações originais de Sônia Magalhães. São Paulo: FTD, 2002. p. 46-47 (Série Arca de Noé).

calmaria: tranquilidade
harmonia: paz
melodia: musicalidade, sonoridade

Com a ajuda do professor, você e sua turma vão pesquisar poemas e biografias de poetas, organizar um sarau e produzir a programação desse evento.

❶ Coletar textos (poemas e biografias), ler e discutir sobre eles

Pesquisem e coletem poemas para que sejam declamados no sarau que a turma vai promover. Pesquisem também a biografia do autor selecionado. Veja algumas sugestões de livros a seguir.

Aprenda mais!

Este livro de poemas é principalmente para quem adora brincar. Cada brincadeira escolhida pelo autor ganhou um poema diferente. Assim, com essa leitura, você poderá conhecer diversas brincadeiras e formas de fazer poema.

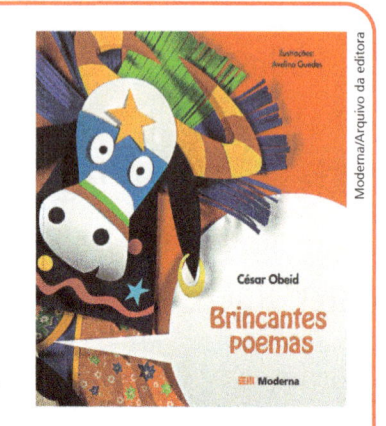

Brincantes poemas, de César Obeid. São Paulo: Moderna, 2011.

No livro *A poesia a gente inventa*, você pode encontrar poemas que abordam diferentes temas, entre eles o próprio fazer poético, elementos da natureza e o universo da infância.

A poesia a gente inventa, de Fernando Paixão. São Paulo: FTD, 2020.

❷ Organizar um sarau de poesia

Com o material em mãos, organizem o sarau de poesia, cuja finalidade é apresentar à comunidade escolar e aos familiares a produção de vocês e também os poemas e as biografias dos autores que vocês coletaram.

❸ Produzir o folheto com a programação do sarau

Escrevam a programação do sarau para distribuí-la aos convidados, para que eles possam acompanhar as apresentações.

Veja um exemplo de programação.

ESCOLA APRENDENDO

Sarau de poesia da turma do 3º ano

PROGRAMAÇÃO
Local: Auditório

14h00 Abertura: professora do 3º ano.

14h15 Jogral: Laura, Bruno, Guilherme, Priscila, Vítor e Mariana.

14h30 Leitura de poema individual: Manuela.

14h40 Leitura de poema em dupla: Vinícius e Aline.

14h50 Intervalo.

15h10 Declamação de poema com fundo musical: Beatriz e Maria Luiza.

15h20 Dramatização de poema: Tiago, Gustavo, Ingrid, Eduardo, Cíntia e João.

15h35 Leitura coletiva de poema: Patrícia, Sofia, Alexandre, Daniel, Pedro, Ana, Davi, Júlia, Alice e Enzo.

15h50 Encerramento: alunos do 3º ano.

Avaliem

	Sim	Não
Escolhemos poemas que agradaram ao público?		
Todos ajudaram na organização do sarau?		
Conseguimos nos apresentar em público?		
Trabalhamos bem em grupo?		

Bibliografia

ANTUNES, Irandé. *O território das palavras*: estudo do léxico em sala de aula. São Paulo: Parábola Editorial, 2012.

_____. *Muito além da gramática*: por um ensino de línguas sem pedras no caminho. São Paulo: Parábola Editorial, 2007.

_____. *Aula de português*: encontro e integração. São Paulo: Parábola Editorial, 2003.

BAGNO, Marcos. *Nada na língua é por acaso*: por uma pedagogia da variação linguística. São Paulo: Parábola Editorial, 2007.

_____. *Linguística da norma*. São Paulo: Loyola, 2002.

BAKHTIN, Mikhail. *Estética da criação verbal*. 5. ed. São Paulo: Martins Fontes, 2010.

BARBATO, Silviane. *Integração de crianças de 6 anos ao Ensino Fundamental*. São Paulo: Parábola Editorial, 2008.

BORTONI-RICARDO, Stella Maris. *Educação em língua materna*: a sociolinguística em sala de aula. São Paulo: Parábola Editorial, 2004.

BRANDÃO, Ana Carolina P.; ROSA, Ester (Org.). *Leitura e produção de textos na alfabetização*. Belo Horizonte: Autêntica, 2005.

BRASIL. Câmara dos Deputados. *Estatuto da criança e do adolescente*. 7. ed. Brasília: Edições Câmara, 2010.

_____. Ministério da Educação. Fundo Nacional de Desenvolvimento da Educação. *Ensino Fundamental de nove anos*: orientações para a inclusão de crianças de seis anos de idade. Brasília: MEC/FNDE, 2006.

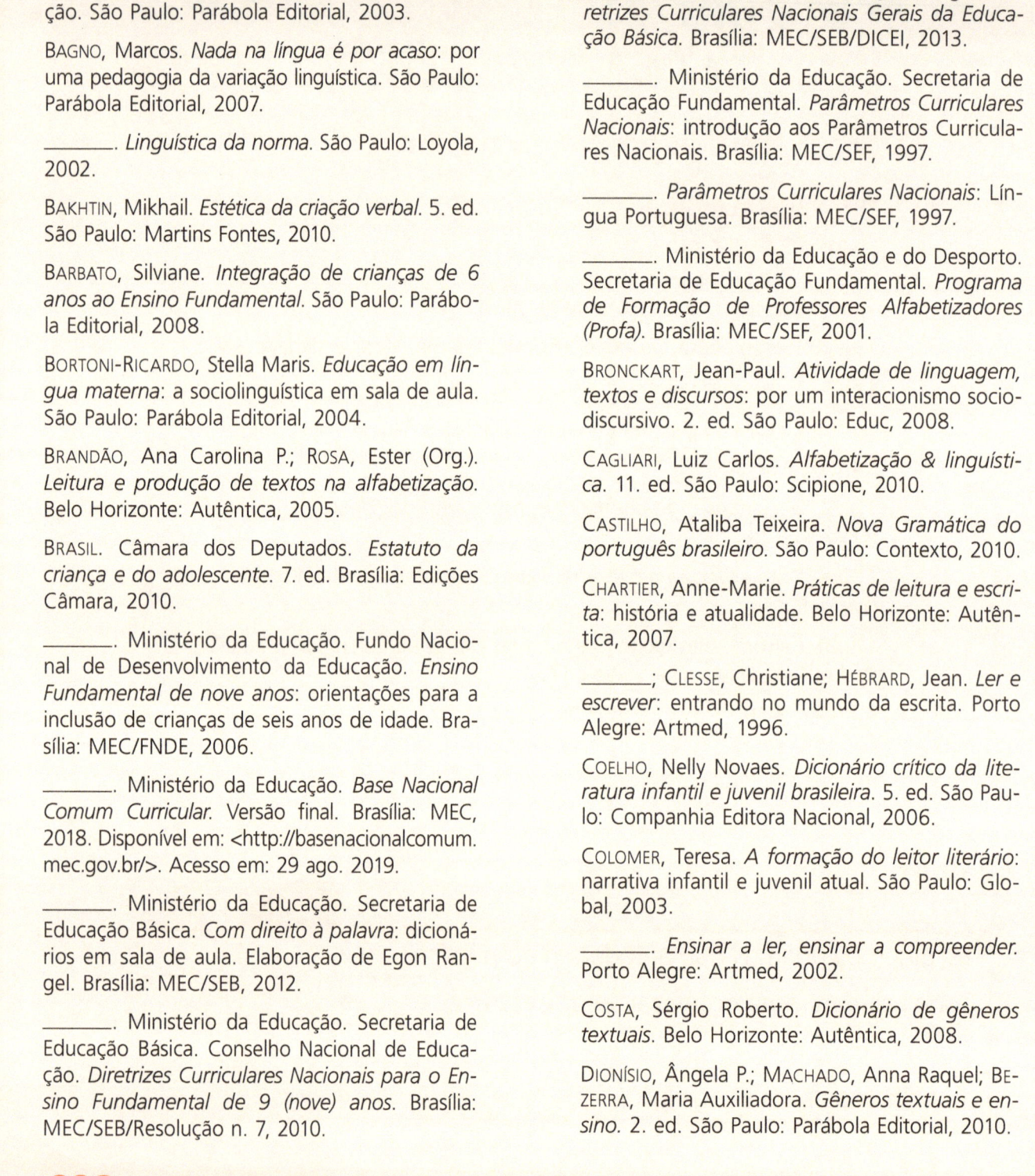

_____. Ministério da Educação. *Base Nacional Comum Curricular*. Versão final. Brasília: MEC, 2018. Disponível em: <http://basenacionalcomum.mec.gov.br/>. Acesso em: 29 ago. 2019.

_____. Ministério da Educação. Secretaria de Educação Básica. *Com direito à palavra*: dicionários em sala de aula. Elaboração de Egon Rangel. Brasília: MEC/SEB, 2012.

_____. Ministério da Educação. Secretaria de Educação Básica. Conselho Nacional de Educação. *Diretrizes Curriculares Nacionais para o Ensino Fundamental de 9 (nove) anos*. Brasília: MEC/SEB/Resolução n. 7, 2010.

_____. Ministério da Educação. Secretaria de Educação Básica. Diretoria de Apoio à Gestão Educacional. *Pacto nacional pela alfabetização na idade certa*. Brasília: MEC/SEB, 2012.

_____. Ministério da Educação. Secretaria de Educação Continuada, Alfabetização, Diversidade e Inclusão. Conselho Nacional da Educação. Diretoria de Currículos e Educação Integral. *Diretrizes Curriculares Nacionais Gerais da Educação Básica*. Brasília: MEC/SEB/DICEI, 2013.

_____. Ministério da Educação. Secretaria de Educação Fundamental. *Parâmetros Curriculares Nacionais*: introdução aos Parâmetros Curriculares Nacionais. Brasília: MEC/SEF, 1997.

_____. *Parâmetros Curriculares Nacionais*: Língua Portuguesa. Brasília: MEC/SEF, 1997.

_____. Ministério da Educação e do Desporto. Secretaria de Educação Fundamental. *Programa de Formação de Professores Alfabetizadores (Profa)*. Brasília: MEC/SEF, 2001.

BRONCKART, Jean-Paul. *Atividade de linguagem, textos e discursos*: por um interacionismo sociodiscursivo. 2. ed. São Paulo: Educ, 2008.

CAGLIARI, Luiz Carlos. *Alfabetização & linguística*. 11. ed. São Paulo: Scipione, 2010.

CASTILHO, Ataliba Teixeira. *Nova Gramática do português brasileiro*. São Paulo: Contexto, 2010.

CHARTIER, Anne-Marie. *Práticas de leitura e escrita*: história e atualidade. Belo Horizonte: Autêntica, 2007.

_____; CLESSE, Christiane; HÉBRARD, Jean. *Ler e escrever*: entrando no mundo da escrita. Porto Alegre: Artmed, 1996.

COELHO, Nelly Novaes. *Dicionário crítico da literatura infantil e juvenil brasileira*. 5. ed. São Paulo: Companhia Editora Nacional, 2006.

COLOMER, Teresa. *A formação do leitor literário*: narrativa infantil e juvenil atual. São Paulo: Global, 2003.

_____. *Ensinar a ler, ensinar a compreender*. Porto Alegre: Artmed, 2002.

COSTA, Sérgio Roberto. *Dicionário de gêneros textuais*. Belo Horizonte: Autêntica, 2008.

DIONÍSIO, Ângela P.; MACHADO, Anna Raquel; BEZERRA, Maria Auxiliadora. *Gêneros textuais e ensino*. 2. ed. São Paulo: Parábola Editorial, 2010.

DOLZ, Joaquim; SCHNEUWLY, Bernand. *Gêneros orais e escritos na escola*. Campinas: Mercado de Letras, 2004.

FARACO, Carlos Alberto. *Linguagem escrita e alfabetização*. São Paulo: Contexto, 2012.

FERREIRO, Emilia. *Reflexões sobre alfabetização*. 25. ed. São Paulo: Cortez, 2010.

_____. *Com todas as letras*. 16. ed. São Paulo: Cortez, 2010.

_____; TEBEROSKY, Ana. *Psicogênese da língua escrita*. Porto Alegre: Artmed, 1999.

FERREIRO, Emilia; PALÁCIO, Margarita Gomez. *Os processos de leitura e escrita*: novas perspectivas. 2. ed. Porto Alegre: Artmed, 1990.

FRADE, Isabel Cristina Alves da Silva. Formas de organização do trabalho de Alfabetização e Letramento. In: BRASIL. Ministério da Educação. Secretaria de Educação Básica. *Alfabetização e Letramento na infância*. Boletim n. 9. Brasília: MEC/SEB, 2005.

FRANCHI, Eglê. *Pedagogia da Alfabetização*: da oralidade à escrita. São Paulo: Cortez, 2001.

_____; FIORIN, José Luiz (Org.). *Linguagem*: atividade constitutiva: teoria e poesia. São Paulo: Parábola Editorial, 2011.

GERALDI, João Wanderley. *O texto na sala de aula*. 4. ed. São Paulo: Ática, 2006.

GOMES, Maria de Fátima Cardoso; MONTEIRO, Sara Mourão. *A aprendizagem e o ensino da linguagem escrita*: caderno do professor. Belo Horizonte: UFMG/FaE/Ceale, 2005.

ILARI, Rodolfo. *Introdução à semântica*: brincando com a gramática. São Paulo: Contexto, 2001.

JOLIBERT, Josette (Coord.). *Formando crianças leitoras*. Porto Alegre: Artmed, 1994.

KATO, Mary (Org.). *A concepção da escrita pela criança*. Campinas: Pontes, 2002.

KLEIMAN, Angela. *Texto e leitor*: aspectos cognitivos da leitura. Campinas: Pontes, 2013.

_____. *Oficina de leitura*: teoria e prática. 6. ed. Campinas: Pontes, 1998.

_____; MORAES, Sílvia. *Leitura e interdisciplinaridade*: tecendo redes nos projetos da escola. Campinas: Mercado de Letras, 2009.

KOCH, Ingedore G. Villaça. *O texto e a construção dos sentidos*. 9. ed. São Paulo: Contexto, 2007.

_____; ELIAS, Vanda Maria. *Ler e compreender*: os sentidos do texto. São Paulo: Contexto, 2006.

LEAL, Telma Ferraz; BRANDÃO, Ana Carolina Perrusi (Org.). *Produção de textos na escola*: reflexões e práticas no Ensino Fundamental. Belo Horizonte: Autêntica, 2006.

LEAL, Telma Ferraz; ROAZZI, Antonio. A criança pensa... e aprende ortografia. In: MORAIS, Artur Gomes de (Org.). *O aprendizado da ortografia*. Belo Horizonte: Autêntica, 2005.

LERNER, Delia. A autonomia do leitor: uma análise didática. *Revista de Educação*, Porto Alegre, Editora Projeto, n. 6, 2002.

_____. *Ler e escrever na escola*: o real, o possível e o necessário. Porto Alegre: Artmed, 2002.

MARCUSCHI, Luiz Antônio. *Produção textual, análise de gêneros e compreensão*. São Paulo: Parábola Editorial, 2008.

_____. *Da fala para a escrita*: atividades de retextualização. São Paulo: Cortez, 2001.

MATENCIO, Maria de Lourdes Meirelles. *Leitura, produção de textos e a escola*. Campinas: Mercado de Letras, 2010.

MIGNOT, Ana Chrystina Venancio. (Org.). *Cadernos à vista*. Escola, memória e cultura escrita. Rio de Janeiro: Eduerj, 2008.

MONTEIRO, Sara M.; MACIEL, Francisca I.; BAPTISTA, Mônica C. (Org.). *A criança de 6 anos, a linguagem escrita e o Ensino Fundamental de nove anos*: orientações para o trabalho com a linguagem escrita em turmas de crianças de 6 anos de idade. Belo Horizonte: UFMG/FaE/Ceale, 2009.

MORAIS, Artur Gomes de. *Sistema de escrita alfabética*. São Paulo: Melhoramentos, 2012.

_____. *Ortografia*: ensinar e aprender. 5. ed. São Paulo: Ática, 2010.

_____; ALBUQUERQUE, Eliana Borges Correia de; LEAL, Telma Ferraz. *Alfabetização*: apropriação do sistema de escrita alfabética. Belo Horizonte: Autêntica, 2005.

MORTATTI, Maria do Rosário Longo (Org.). *Alfabetização no Brasil*: uma história de sua história. São Paulo: Cultura Acadêmica; Marília: Oficina Universitária, 2011.

MOURA, Heronides Maurílio de Melo. *Significação e contexto*: uma introdução a questões de semântica e pragmática. 3. ed. Florianópolis: Insular, 2006.

NASPOLINI, Ana Tereza. *Tijolo por tijolo*: Prática de ensino de Língua Portuguesa. São Paulo: FTD, 2010.

NEVES, Maria Helena de Moura. *A gramática* – história, teoria, análise e ensino. São Paulo: Editora Unesp, 2002.

PAVIANI, Jayme. *Interdisciplinaridade*: conceitos e distinções. 2. ed. Caxias do Sul: Educs, 2008.

PIAGET, Jean. *A formação do símbolo na criança*: a imitação, jogo e sonho. Imagem e representação. 4. ed. São Paulo: LTC, 2010.

POSSENTI, Sírio. *Por que (não) ensinar gramática na escola*. Campinas: Mercado de Letras/ALB, 1996.

PRIETO, Heloisa. *Quer ouvir uma história?*: lendas e mitos no mundo da criança. São Paulo: Angra, 1999.

ROCHA, Gladys; COSTA VAL, Maria Graça (Org.). *Reflexões sobre práticas escolares de produção de texto*. Belo Horizonte: Autêntica/Ceale, 2003.

ROJO, Roxane. Letramento e capacidades de leitura para a cidadania. In: FREITAS, Maria Tereza de Assunção; COSTA, Sergio Roberto (Org.). *Leitura e escrita na formação de professores*. Juiz de Fora: EDUFJF/COMPED/MUSA, 2002.

_____ (Org.). *A prática de linguagem em sala de aula*: praticando os PCN. Campinas: Mercado de Letras, 2000.

_____ (Org.). *Alfabetização e letramento*. Campinas: Mercado das Letras, 1998.

_____; MOURA, Eduardo (Org.). *Multiletramentos na escola*. São Paulo: Parábola Editorial, 2012.

ROMERO, Sílvio. *Contos populares do Brasil*. São Paulo: Martins Fontes, 2007.

SALLES, Jerusa Fumagalli de; PARENTE, Maria Alice de Mattos Pimenta. Processos cognitivos na leitura de palavras em crianças: relações com compreensão e tempo de leitura. *Psicologia*: Reflexão e Crítica, Porto Alegre, v. 15, n. 2, 2002.

SARAIVA, Juracy Asmann. *Literatura e alfabetização*: do plano do choro ao plano da ação. Porto Alegre: Artmed, 2001.

_____; MÜGGE, Ernani. *Literatura na escola*: propostas para o Ensino Fundamental. Porto Alegre: Artmed, 2006.

SIGNORINI, Inês (Org.). *Gêneros catalizadores*: letramento & formação do professor. São Paulo: Parábola Editorial, 2006.

SOARES, Magda. *Alfabetização e letramento*. São Paulo: Contexto, 2003.

_____. *Linguagem e escola*: uma perspectiva social. 17. ed. São Paulo: Ática, 2000.

SOLÉ, Isabel. *Estratégias de leitura*. 6. ed. Porto Alegre: Artmed, 1998.

TEBEROSKY, Ana. *Aprendendo a escrever*. São Paulo: Ática, 1995.

_____; GALLART, Marta (Org.). *Contextos de alfabetização inicial*. Porto Alegre: Artmed, 2004.

TFOUNI, Leda Verdiani. *Letramento e alfabetização*. 9. ed. São Paulo: Cortez, 2010.

TRAVAGLIA, Luiz Carlos. *Gramática*: ensino plural. 5. ed. São Paulo: Cortez, 2011.

VYGOTSKY, Lev S. *Imaginação e criação na infância*. São Paulo: Ática, 2009.

_____. *Pensamento e linguagem*. 6. ed. São Paulo: Martins Fontes, 2008.

_____. *A formação social da mente*. 7. ed. São Paulo: Martins Fontes, 2007.

WEISZ, Telma; SANCHEZ, Ana. *O diálogo entre o ensino e a aprendizagem*. São Paulo: Ática, 2003.

REFERENTE À SUBSEÇÃO **LENDO COM EXPRESSIVIDADE** PÁGINA **143**
FANTOCHES

REFERENTE À SEÇÃO **DIVIRTA-SE E APRENDA** PÁGINA 211

LIXEIRAS DE COLETA SELETIVA

PLÁSTICO

VIDRO

Ilustrações: Heloisa Pintarelli

Duzentos e quarenta e três **243**

METAL

PAPEL

Ilustrações: Heloísa Pintarelli

Duzentos e quarenta e cinco **245**

ORGÂNICO

REFERENTE À ATIVIDADE 3 PÁGINA 50

BA	LHA	RE	TE
PA	NHEI	FI	LHO
GOL	CO	ÇO	RO
CHO	PO	LA	NHO

Leonardo Mari

REFERENTE À ATIVIDADE 3 PÁGINA 54

Ilustrações: Rivaldo Barboza

REFERENTE À ATIVIDADE 1 PÁGINA 146

REFERENTE À SEÇÃO DIVIRTA-SE E APRENDA PÁGINA 211

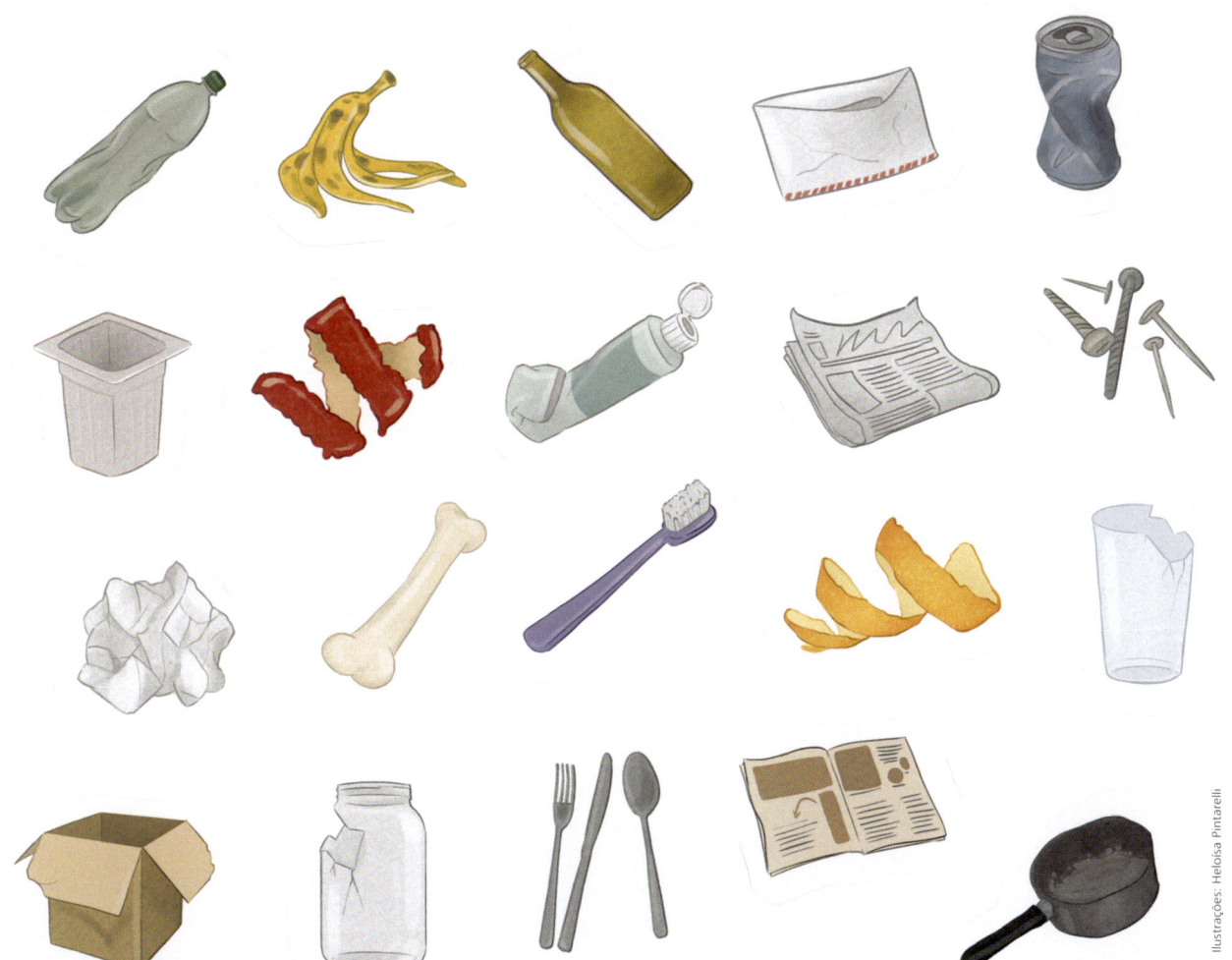

Duzentos e cinquenta e um **251**